現代議会制度論

日本と欧米主要国

藤本一美 著

専修大学出版局

はしがき

第1部　日本の国会 ——————————————— 1

はじめに　3

 （1）　日本の政治状況　3
 （2）　政治体制と国会制度　4
 （3）　立法補佐機構と国会の情報提供　5

第1章｜国会の構成　7

1　国会の地位　7
 （1）　国民の代表機関　7
 （2）　国の唯一の立法機関　8
 （3）　国権の最高機関　9

2　国会の組織　10
 （1）　両院制（二院制）　10
 （2）　衆議院・参議院の組織　10
 （3）　衆議院の優越　11
 （4）　国会の付属機関　13

3　国会の権能　14
 （1）　立法的権能　14
 （2）　財政的権能　15
 （3）　その他一般国務に関する権能　16
 （4）　各議院の権能　17

4 国会議員 19
  (1) 国会議員の身分と権能 19
  (2) 議員の特権 20
    〈コラム①　党首討論〉 22
    〈コラム②　公聴会〉 22
    〈コラム③　世襲議員〉 22

第2章｜国会の活動　23

1 国会の召集と会期 23
  (1) 常会（通常国会） 23
  (2) 臨時会（臨時国会） 23
  (3) 特別会（特別国会） 24
  (4) 会期不継続の原則 24
2 開会式 25
3 院の構成と議院の役員 26
  (1) 院の構成 26
  (2) 議院の役員 27
4 本会議と委員会 28
  (1) 本会議 28
  (2) 委員会 30
    〈コラム④　国会議員の秘書〉 35
    〈コラム⑤　国対政治〉 35
    〈コラム⑥　安定多数〉 35

第3章｜立法過程＝法律案の審査　36

1 委員会審査 36

（1）　法律案の提出　36
　　（2）　付託　36
　　（3）　提案理由の説明　36
　　（4）　質疑　38
　　（5）　修正　38
　　（6）　討論　39
　　（7）　表決と採決　39
　　（8）　公聴会　40
　　（9）　証人・参考人　40
　　（10）　委員会報告・中間報告　41
 2　本会議審査　42
　　（1）　上程　42
　　（2）　委員長報告　42
　　（3）　本会議での質疑・議案の趣旨説明　42
　　（4）　本会議での修正　43
　　（5）　討論　44
　　（6）　採決　44
　　（7）　両院協議会　45
　　（8）　奏上・公布　46
　　（9）　決議　46
 3　予算案の審査　47
　　（1）　提案理由の説明　47
　　（2）　総括質疑　47
　　（3）　一般質疑　48
　　（4）　公聴会　48
　　（5）　分科会　48
　　（6）　しめくくり総括質疑　49
　　（7）　討論・採決　49

〈コラム⑦　日切れ法案〉　50
　　　〈コラム⑧　立法事務費〉　50

第4章 おわりに　51

1　第142通常国会　51
　　政府提出法案　51
　　議員提出法案　51
2　第169通常国会　52
　　〈コラム⑨　内閣不信任決議案〉　53
　　〈コラム⑩　問責決議案〉　53

第2部　日本の地方議会　55

はじめに　57

第1章　国会と地方議会の相違　58

第2章　地方議会の組織　60

1　地方議会の設置　60
2　議員　60
　（1）議員定数　60
　（2）議員の選挙　60
　（3）兼職・兼業の禁止　61
　（4）議員の任期　61
　（5）議員の辞職と資格の決定　61

（6）　議員の権利と義務　　61
　3　議長および副議長　　62
　4　議会事務局・議会図書館　　62

第3章｜地方議会の権能　　63

　1　議決権　　63
　2　決定権　　63
　3　選挙権　　63
　4　同意権　　64
　5　監視権および調査権　　64
　6　意見提出権　　65
　7　請願および陳情受理権　　65
　8　規則制定権　　65

第4章｜地方議会の運営　　66

　1　招集・会期　　66
　2　会議　　67
　　（1）　開議　　67
　　（2）　議案の提出　　68
　　（3）　議決　　68
　3　会議の原則　　69
　　（1）　会議公開の原則　　69
　　（2）　会期不継続の原則　　69
　　（3）　一事不再議の原則　　69
　　（4）　現状維持の原則　　70
　　（5）　一議事一議題の原則　　70

- （6）議員平等の原則　71
- （7）発言自由の原則　71

4　除斥　71

5　会議録　71

6　会議規則　71

7　委員会　72
- （1）常任委員会　72
- （2）特別委員会　72

8　規律　72
- （1）議場の秩序維持　73
- （2）不当な言論の禁止　73
- （3）侮辱に対する処置　73

9　懲罰　73

第5章　おわりに　75

〈コラム①　一部事務組合〉　76
〈コラム②　終身議員待遇〉　76
〈コラム③　本会議〉　76
〈コラム④　議会の解散〉　76
〈コラム⑤　除斥〉　76

第3部　欧米主要国の議会制度と議会情報の発信　77

第1章　米国　79

1　はじめに　79
2　米国の連邦議会　81
　（1）　三権分立制と連邦議会　81
　（2）　組織と運営　82
　（3）　立法手続きの概要　85
　（4）　立法補佐機構　86
3　議会情報の発信　91
　（1）　米国の議会図書館と議会調査局　91
　（2）　国民への議会情報などのサービス　93
　（3）　議会図書館の電子情報発信機能　94
4　おわりに　96
　〈コラム①　交差投票〉　97
　〈コラム②　ロビイスト〉　97

第2章　英国　98

1　はじめに　98
2　英国の議会　99
　（1）　議会の構成　99
　（2）　議長・副議長　99
　（3）　会期　100
　（4）　本会議の開会日，定足数および表決方法　100
　（5）　委員会制度　100
　（6）　立法手続　102
　（7）　立法補佐機構　103
3　議会情報の発信　104
　（1）　英国の下院と上院の図書館　104
　（2）　国民への議会情報などのサービス　107

（3）議会図書館の電子情報発信機能　108
　4　おわりに　109
　　〈コラム①　クェッション・タイム〉　110
　　〈コラム②　分列表決〉　110

第3章　ドイツ　111

　1　はじめに　111
　2　ドイツの議会　112
　　（1）ドイツ議会の特色——独自の二院制　112
　　（2）連邦議会　112
　　（3）連邦参議院　116
　　（4）立法補佐機構　118
　3　議会情報の発信　119
　　（1）ドイツの議会調査局と議会図書館　119
　　（2）国民への議会情報などのサービス　122
　　（3）議会図書館の電子情報発信機能　122
　4　おわりに　123
　　〈コラム①　緑の党〉　124
　　〈コラム②　議会制度の特色〉　124

第4章　フランス　125

　1　はじめに　125
　2　フランスの議会　126
　　（1）第5共和制の憲法構造　126
　　（2）組織と運営　126
　　（3）立法手続きの概要　128

（4）立法補佐機構　*131*

3　議会情報の発信　*132*

　　（1）フランスの元老院図書館と国民議会図書館　*132*

　　（2）国民への議会情報などのサービス　*133*

　　（3）議会図書館の電子情報発信機能　*134*

4　おわりに　*134*

　　〈コラム①　立法権の制限〉　*135*

　　〈コラム②　議会に対する政府の権限〉　*135*

第5章｜カナダ　*136*

1　はじめに　*136*

2　カナダの議会　*138*

　　（1）政治制度の概要　*138*

　　（2）連邦議会の組織と運営　*138*

　　（3）立法手続きの概要　*141*

3　議会情報の発信　*142*

　　（1）カナダの議会図書館と議会調査部　*142*

　　（2）国民への議会情報などのサービス　*144*

　　（3）連邦図書館の電子情報発信機能　*145*

4　おわりに　*145*

　　〈コラム①　議会特権〉　*146*

　　〈コラム②　国王の裁可〉　*146*

〈資料〉　議会制度一覧

　　　　米国，英国，フランス，ドイツ，カナダ，日本　*147*

主要参考文献　①日本の国会　　162
　　　　　　　②日本の地方議会　　162
　　　　　　　③欧米主要国の議会　　162

あとがき　164

はしがき

　わが国における近代的国会制度の源は，1881年（明治14年）10月12日に明治天皇が発せられた国会開設の勅諭に求められる。これを受けて1890年（明治23年）11月25日，第1帝国議会が召集された。したがって，2008年（平成20年）をもってわが国の国会＝議会は118年目を迎えた。

　ところで，明治憲法の下での「帝国議会」は，自ら立法権を行使する機能を十分に果たしえず，いわば天皇の立法権の行使を協賛する機関にすぎなかった。これに対して第二次世界大戦後の「国会」は，主権在民をうたう新憲法の下でその衣を変えて装いを一新した。すなわち，国会は国権の最高機関として重要な機能を付与され，法律の制定および改廃や国の予算もすべて国会の議決を必要とするようになった。国会はまた，立法権を行使する他に，国政の重要な方向を決定し，さらに行政をコントロールする等きわめて重要な役目を果たしている。要するに，国会は全国民を代表するものとして，わが国の国政上中枢的地位を占めるようになったのである。

　しかしながら，わが国の国会制度が当初のねらいどおりに運営され，かつ本来の機能を果たしているかとおもえば，必ずしもそうとはいえない。戦後60余年，国会政治の形骸化が云々されて久しく，国会政治の欠点をとりあげて，これを批判するのはたやすい。しかし他方では，現在の国会＝議会制度を正しく理解し，これを改善・補強していく努力もまた必要である。

　本書を上梓する意図も，まさにこの点にある。国の最高機関である国会＝議会の仕組みがどのようになっており，それがいかに運営されているのか，我々国民はいま一度これらの問題に眼を向け，わが国の国会制度と諸外国の議会制度に対する理解を深めることが重要であると考える。

　本書は，全体で3部から構成されている。すなわち，第1部は，「日本の国

会」についての解説である。第 2 部は,「日本の地方議会」の解説である。そして第 3 部は,「欧米主要国の議会制度」と議会情報の発信について解説している。

第1部　日本の国会

はじめに

国会議事堂

（1） 日本の政治状況

　1996年1月22日，自民党の橋本龍太郎総裁が，第82代首相に指名され，自民党は再び政権の座についた。その際橋本首相は政策課題として，「六つの改革」を掲げ，とくに財政構造改革や行政改革において具体的方向を打ちだした。そして9月，橋本首相は衆議院を解散し，10月に総選挙を実施した。その結果は，自民党が239議席（選挙前211議席）と大きく躍進した。また，入党者作戦を押し進めて自民党は衆議院の過半数を制することになった。

　しかしその後，日本では経済不況が深刻化し，アジアの経済危機と相まって，戦後では最大の金融不安が生じた。そのため，1998年7月13日に行われた参議院通常選挙では，自民党は大敗し，橋本首相はこの責任をとって辞任を表明した。そして24日，自民党の総裁選挙が行われ，橋本首相と同じ派閥の小渕恵三外相が新総裁に選ばれ，30日，国会で首班指名が行われ，小渕内閣が発足した。

　その後，小渕首相の死去を受けて，森内閣が誕生し，小泉長期内閣を経て安倍内閣と継続，自民党は公明党と連立政権を組んで政権の座を維持している。

　2007年1月，第166通常国会では，「戦後レジーム（体制）からの脱却」を掲げる安倍晋三首相が重要法案と位置付けた憲法改正手続きを定める国民投票法や教育改革関連3法をはじめとして，年金時効撤廃特例法，社会保険庁改革関連法，改正国家公務員法などを成立させた。与党側は，強行採決を連発して会

国会議事堂

敷 地 面 積	103,001平方メートル
建 物 面 積	13,358平方メートル（延べ53,466平方メートル）
長　　　さ	正面　206.36メートル／奥行　88.63メートル
高　　　さ	20.91メートル（中央塔65.45メートル）
議 場 面 積	衆議院　743.81平方メートル／参議院　743.81平方メートル
構　　　造	鉄骨鉄筋コンクリート造、地上3階地下1階建（一部4階、塔屋付）

期を延長したものの、しかし、終盤国会は年金記録の不備問題一色の展開となり、むしろ野党側が攻勢を強めた。

6月に実施された参議院通常選挙では、自民党は惨敗し、民主党が第1党となった。9月10日、第168臨時国会が召集され、安倍首相は所信表明演説で野党との対話を深める考えを強調した。だが、安倍首相は、自衛隊の給油活動継続の見通しが立たないことなどへの責任を取り辞任する考えを表明した。これを受けて、23日に自民党総裁選が行われ、福田康夫元官房長官が330票を獲得し、197票の麻生太郎党幹事長を破り新総裁に選出され、福田新政権が発足したのである。

（2）　政治体制と国会制度

周知のように、1946年11月に公布された日本国憲法の基本原理は、国民主権、基本的人権の尊重および平和主義である。ここでいう「国民主権」とは、国家権力は国民が有し、政治は国民によって行われる原理に他ならない。国民による政治こそ、国民主権を保障するものである。わが国では国民が選挙でもって代表者を選び、その代表者が政治を決定する「間接民主制」を採用している。

間接民主制の下では、国会議員を選挙する投票が政治に対する国民の参加の第一歩となる。選挙で投票することの重要性もまた、この点にある。

国会と内閣との関係では、衆議院は、内閣不信任決議案の可決または信任決議案の否決を通じて内閣を総辞職に追いこむことができる。一方、これに対して、内閣は衆議院を解散することができる。

はじめに

　国会の運営は通常,「議院運営委員会」を中心に行われているものの,審議が中断した場合には,各政党の「国会対策委員会」(注)が前面にでてきて事態の打開を図る。

　　(注)　国会対策委員会とは,国会に議席を置く政党に置かれる組織の一つで,「国対」とも略される。各党の国会対策委員会は,相互に密接に連絡を取り合い,本会議の日程や委員会などを非公式の場で協議する。議院の運営が非公式の機関である国会対策委員会を通じて行われることに対して,それは不透明であるとの批判がある。

　なお,日本の国会の立法過程において,「会派」(注)を中心に審議が進められ「族議員」が大きな力を発揮している。また国会では,委員会の審議の段階で官僚機構のトップである「政府委員」による答弁が多く,法律案作成過程での官僚の関与と相まって,大きな問題となっていた。

　　(注)　会派とは,衆参両院の中で活動を共にする議員の団体のことをいい,それは議員活動の基礎となり,国会の円滑な運営の要となる。議員は,二人以上で会派を結成することができ,これを議長に届け出る。通常,政党がそのまま院内で会派を結成して活動している場合が多い。

(3)　立法補佐機構と国会の情報提供

　国会議員に対する立法上の補佐には,衆参両院の事務職員の他に,衆参の法制局および国立国会図書館の職員があたっている。

　国立国会図書館には,大別して二つの役割がある。それは,国会議員の国政に関する調査研究に資するために国会に付置された機関としての役割と,行政および司法の各部門,ならびに一般国民に対して図書館サービスを提供する機関としての役割である。

　国会議員への立法補佐業務は,国立国会図書館ではもっぱら,調査および立法考査局(以下調査局と略す)が担っている。調査局では,国会議員や国会関係者からの調査依頼に備えて,国政や審議の上で問題となりうるようなテーマについて,100名余の調査員が各々の専門分野について,日頃から調査・研究に努めている。

　調査局ではまた,国会議員の依頼に基づく調査の他に,率先して『レファレ

ンス』,『外国の立法』,『海外ニュース・ガイド』,『イッシュー・ブリーフ』,『レジスメート』などを刊行している（なお,一般国民もこれらの刊行物を購入できる）。

　また,議員会館の各室とオンラインで結んだデータベースである『NOREN』は,図書や雑誌の所在のみならず,国会議員の発言を会期別,本会議別,委員会別,事項別に直ちに検索できるシステムとして,国会関係者や研究者などから高い評価を得ている。

　一般国民が国会の情報を入手するには,調査局の議会官庁資料課を利用するのが便利である。また,国立国会図書館では,憲政記念館と協力して,各種の政治史や国会関係の展示会を開催している。

　なお,国立国会図書館では西暦2002年10月,京都に「関西館」を開館した。同館は電子図書館機能を駆使して,関西のみならず,日本の情報提供の中心となるものである。また,上野図書館を改造して,これを「国際子ども図書館」として2000年5月に一部が開館し,2002年5月には全面的に開館した。

第1章　国会の構成

衆議院議場

1　国会の地位

（1）　国民の代表機関

　日本国憲法前文の冒頭には，「日本国民は，正当に選挙された国会における代表者を通じて行動し，……ここに主権が国民に存することを宣言し，この憲法を確定する。そもそも国政は，国民の厳粛な信託によるものであって，その権威は国民に由来し，その権力は国民の代表者がこれを行使し，その福利は国民がこれを享受する」と定めている。ここでは主権者は国民であって，国民は主権を直接に行使するのではないが，国会議員を選挙するという方法を通じて，主権を行使するということが謳われている。

　近代的議会制度を採用する民主主義国家においては，国民の選出した議員によって構成される国会の意思決定が，そのまま国民の意思となるものとされており，一般にこのような間接民主制下における議員の地位を国民代表と呼んでいる。

　日本国憲法には，国会が国民を代表する機関であるという規定はみあたらない。しかし，憲法第43条第1項には，「両議院は，全国民を代表する選挙され

衆議院議場

　本会議が開かれるところで，正面中央の高い椅子のある席が議長席，その左隣が事務総長席となっている。議長席を中心として左右にそれぞれ2列の席がある。前列は国務大臣席で，内閣総理大臣席は左側の議長席に近いところにある。
　議席は，議長席に向かって左から右へ，所属議員数の多い会派から順次，各会派別に座るのが慣例となっている。
　各議席には，氏名標といわれる黒い四角柱に議員の氏名を書いたものが備え付けられている。

た議員でこれを組織する」と定めており，そこには国会が国民代表機関であることが明示されている。

（2） 国の唯一の立法機関

国会は「国の唯一の立法機関である」と憲法で定められている（憲法41条）。唯一の立法機関であるということは，立法権は国会にのみ属し，国会の他に立法権を有し，これを行使する機関は存在しないということである。

国会の構成

国会は，衆議院及び参議院の両議院で構成され，両議院とも全国民を代表する選挙された議員で組織されている。

各議院には，本会議と委員会がある。

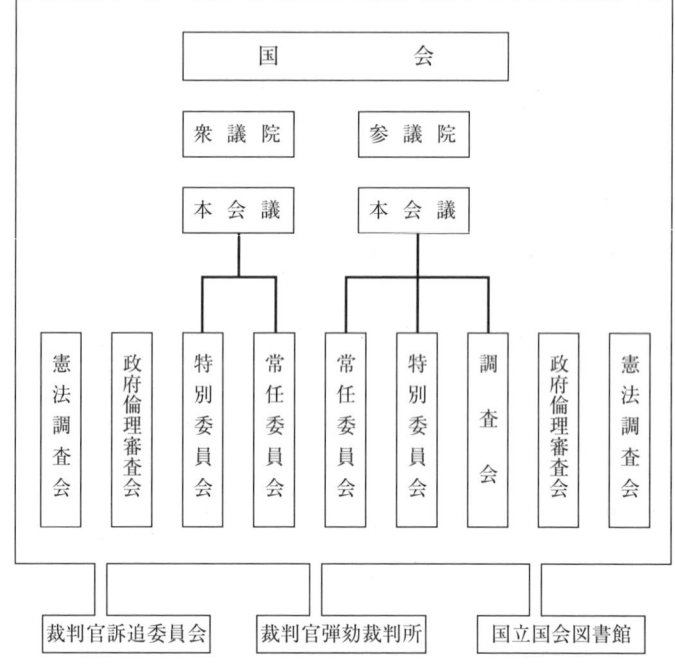

（注）憲法調査会の委員は，現在，両議院に日本国憲法に関する調査特別委員会が設置されているため，選任されていない。

なお，ここでいう立法権とは，法律を制定する権限のことである。法律は，憲法上の規定を実施に移すために必要な事項を定めたものであり，それは国の法令の中でも，最も効力が上で，かつ，最も重要なものである。行政権も司法権も法律に基づいて行使されることはいうまでもない。

確かに国の最高の法規は憲法である。しかしそれは，基本的な事項のみしか定めておらず，細目は法律に譲っている場合が多い。したがって，制定される法律の内容いかんによって，憲法の運用が左右され，国民の権利や自由も影響を受けることがある。この意味において，立法機関としての国会の地位はきわめて重要であるといえる。

（3） 国権の最高機関

現行日本憲法では，国会は「国権の最高機関」（憲法41条）であると謳われている。明治憲法の下では，天皇が最高機関であったが，現行憲法の下では，天皇に代わって国会が最高機関となり，天皇は象徴としての地位にとどまり，国政に関する権能を有しないこととなった。

国会は，内閣を作り，それを統制し，倒すことができる。一方，内閣は国会に対して責任を負い，裁判所は国会が制定する法律に基づいて裁判を行っている。このように，国会は立法権の行使以外にも，広く国政の全般にわたって統制する広汎な権能を付与されている。

衆議院と参議院の議員定数等の比較

衆　議　院		参　議　院
480名	定　　数	242名
4年 解散すれば地位を失う	任　　期	6年 3年ごとに半数改選
20歳以上	選挙権	20歳以上
25歳以上	被選挙権	30歳以上
小選挙区　300名 比例代表　180名	選挙区	選挙区　146名 比例代表　96名
あり	解　　散	なし

以上で述べてきた点からも明らかなように，主権は国民に存し，国民の代表者が国会を構成しているのであるから，その国会が最高機関であり，かつ，唯一の立法機関であるといのは当然のことである。要するに，現行憲法の定める日本の政治制度は，国会が国家機構の全体の中で，中軸的地位を占めている。

2　国会の組織

(1)　両院制（二院制）

「国会は，衆議院及び参議院の両議院でこれを構成する」（憲法42条）。衆・参両議院は各々独立した合議体であって，一方が他方に命令をしたり，また他方の活動を監督することは許されない。衆・参各議院は国会の一院として活動し，国会の意思決定＝議決は，両院の意思が合致したときにのみ成立することが原則である。

わが国の国会は，両院制つまり二院制を採用している。その理由としては，衆・参議院の各議員が各々補完し，抑制し，そして協力しあうことによって，審議をよりいっそう慎重に行うことを意図しているからである。

国会はまた，両院制をとっている結果，両議院の議員の兼職を禁止している（憲法48条）。

(2)　衆議院・参議院の組織

衆議院と参議院は，「全国民を代表する選挙された議員でこれを構成する」（憲法43条1項）という点ではその地位は同等であるといえる。だが，構成や権限の上では，いくつかの相違点がみられる。

①議員の任期　衆議院の任期は4年である。しかし，解散した場合には任期満了以前でも任期は終了する（憲法45条）。他方，参議院の任期は6年で，3年ごとに議員の半数が改選される（憲法46条）。

②議員の定数　両議院の議員定数は法律で定めることになっており（憲法43条2項），公職選挙法によれば現在のところ，衆議院議員は480人（公職選挙法4条1項，附則2項），また，参議院議員は242人となっている（公職選挙法4条

2項)。

③**選挙権・被選挙権** 両議院の議員およびその選挙人の資格（＝被選挙権と選挙権）も法律で定めることになっている（憲法44条）。また憲法では,「公務員の選挙については,成年者による普通選挙を保障する」（憲法15条3項）とあり,公職選挙法では,これをうけて「日本国民で年齢満20年以上の者」（公職選挙法9条1項）に選挙権を付与している。なお,被選挙権については,衆議院議員は満25年以上の者,また参議院議員は満30年以上の者となっている（憲法10条1項の1,2）。

④**選挙区** 選挙区についても法律で定めることになっている（憲法47条）。公職選挙法では,衆議院議員については,全国130区から定数3～5人を選出していた。しかし,1996年（平成6年）10月の総選挙から小選挙区で300人,比例代表で180人を選出することになった。参議院議員については,100人が全国区から152人が地方区（都道府県ごとの選挙区）から選出されていた（公職選挙法13条別表1,14条別表2）。しかし1983（昭和58）年6月の通常選挙からは,参議院議員の選挙制度が改正され,従来の全国区は政党ごとの得票による比例代表制（96名）となり,地方区は選挙区（146名）とその名称が改められた（公職選挙法12条1項・2項他）。

（3） 衆議院の優越

　衆議院と参議院の権能は対等ではない。すなわち,国会の権能のうち中心となる重要な事項については,一定の要件の下に衆議院の単独の決議でもって国会の決議とするものがあり,衆議院には優越的な地位が与えられている。

　これは,両院制を採用していることから生じる国政の遅滞を避けるために,衆議院の権能を強化したからである。衆議院の優越が認められているのは,次の場合である。

①**法律案の議決** 法律案は両議院で可決したときにのみ法律となるのが原則である（憲法59条1項）。しかし,衆議院で可決した法律案を参議院が否決または修正した場合でも,もし衆議院がその法律案に対して出席議員3分の2以上

の多数で再び可決したときには，その法律が成立する（憲法59条2項）。

また，参議院が衆議院の可決した法律案を受け取った後に，国会休会中の期間を除いて，60日以内に何らの議決をしないときにも，衆議院は，参議院がその法律案を否決したものとみなして，3分の2以上の多数による再可決によって，その法律を成立させることができる（憲法59条4項）。

②**予算の議決**　予算は常に衆議院に先に提出されることになっており，衆議院において先に審議する（憲法60条1項）。これを普通，衆議院の先議権と呼んでいる。

衆議院を通過した予算について，参議院が否決または修正可決した場合には，両院協議会（両議院の意見の食い違いを調整するために設けるもので，両議院から各々10人の議員が選ばれる）を開き，両議院の意見が一致しないとき，または参議院の可決した予算を受け取った後，国会休会中の期間を除いて30日以内に議決しないときには，衆議院の議決を国会の議決とみなして，予算は成立する（憲法60条2項）。普通，これを予算の自然成立と呼んでいる。

③**条約の承認**　条約は内閣が締結するものである。だが，内閣は条約を締結するにあたっては，事前にまたは事後に国会の承認を経ることを必要としている（憲法61条）。

条約の承認についても，予算の議決の場合と同じ手続により，衆議院の議決だけでもって国会の承認がえられたものとしている。すなわち，衆議院が可決し参議院がそれを受け取ってから30日以内に議決しない場合には，衆議院の議決が国会の意思となる。普通，これを条約の自然承認と呼んでいる。

④**内閣総理大臣の指名**　内閣総理大臣は，天皇が国会の指名にもとづいて任命するが（憲法6条1項），国会での指名は国会議員の中から国会の議決で行われる（憲法67条1項）。

この議決についても，衆議院と参議院が異なった議員を指名した場合には，両院協議会を開いても意見が一致しないとき，または衆議院が指名の議決をした後，国会休会中の期間を除いて10日以内に，参議院が指名の議決をしないときは，衆議院の指名した議員が内閣総理大臣に任命される（憲法67条2項）。

⑤その他　内閣の信任，不信任決議の議決権，臨時会や特別会の会期，会期の延長，または会計検査官の任命等についても，衆議院の優越が認められている（憲法69条，国会法13条，会計検査院法4条2項）。

（4）　国会の付属機関

　衆議院と参議院には，院の役員である衆・参事務総長の下に，事務局ならびに議員の活動を補佐する法制局が置かれている。また，国会の付属機関として国立国会図書館が置かれている。これらの機関は立法その他権能を遂行するための補助機関として，議員の活動を助けている。

①**衆・参議院事務局**　衆議院と参議院には，各々事務総長がおり，事務総長はその立場上，国会の中軸となる地位を占めている。そのために事務総長は，正・副議長や常任委員長とともに，国会役員の一員に含められている（国会法16条）。

　事務総長は，議長・副議長が共に欠いている時に議長の職務を代行する。事務総長はまた，議長の監督の下で議院の事務を統理し，公文書に署名することをその任務としている（国会法22条2項，28条）。なお，事務総長の待遇は，閣僚並みでその地位もきわめて高い。

　事務総長の下には，参事という名称で，事務次長，委員部長，渉外部長，管理部長，記録部長，庶務部長，警備部長がおり，各々，担当部門の管理にあたっている。現在，衆議院事務局の人員は，事務総長の他1,718人，参議院は事務総長の他1,269人である。

②**衆・参議院法制局**　議員の法制に関する立法に資するため，各議院には法制局が置かれている。各院の法制局は議員立法を行うような場合，法案の技術的な面などで補佐にあたっている（国会法131条）。なお，人員は各院とも法制局長の他70人である。

③**国立国会図書館**　国立国会図書館は，議員の調査研究に資するために置かれているもので，人員は館長以下850人である。

　館長の任務は，図書館事務の管理，職員の任免等で，その待遇は国務大臣と

同等とされている。国会図書館の蔵書数は現在400万冊をこえており，これらの資料に基づいて各部局の職員や調査および立法考査局の調査員が国会議員の依頼をうけて資料や法律案等の作成・分析等を行っている。

3　国会の権能

　国会が国家機関として行動しうる範囲を，一般に国会の権能＝権限という。国会の権能はその性質によって，①立法的権能，②財政的権能，③その他一般国務に関する権能に大別される。

(1)　立法的権能

①**法律の制定**　国の唯一の立法機関である国会の最も重要な権能は，法律の制定である。立法にあたっての最初の手続は，法律案の提出である。

　法律案は，衆・参両院議員から発議される場合と，内閣から提出される場合とがある。議員提出の場合は国会法の定めにより，衆議院では20人以上の，参議院では10人以上の賛成議員を必要とする。ただし，予算を伴う法律案を発議するには，衆議院では50人以上の，参議院では20人以上の賛成議員が必要である。(国会法56条1項)。

　政府提出の場合は，各省庁その他の行政機関で立案され，内閣法制局の審査を経て閣議において法律案を決定した上で，内閣総理大臣名で国会に提出される（憲法72条，内閣法5条）。毎国会制定される法律の大部分は，この内閣提出のもので占められている。

　立法過程については第3章で詳しく述べることにして，その概略は次のとおりである。すなわち，法律案がいずれかの議院に提出されると，その法律を所管する常任委員会において審議・議決した上で本会議に報告され，通常の場合は委員会の議決どおりに議決される。法律が成立したときは，最後の議決のあった議院の議長から，内閣を経由して天皇に公布を奏上し，その奏上後30日以内に，天皇は内閣の助言と承認に基づいてこれを公布する。

②**条約締結の承認**　条約は国家間の文章による合意である。条約は内閣が締結

するものであるが，憲法は条約の承認について国会の承認を必要とすると定めている。ただ，条約は場合によって，早急に締結しなければならないこともあるので，国会の承認は事前に時宜によって事後になされることにしている（憲法73条3号）。

条約は単に国家間の合意文章であるのみならず，それが発効した場合は，国民の権利義務を拘束することが多い。しかし，国会はその性質上自ら条約の任にあたることはできないので，条約の締結について国会の承認を経ることによって，条約の内容にも国会の意思を反映させようとしているのである。

③**憲法改正の発議**　憲法改正も広義の立法作用である。ただし，国の基本法であるので，厳しい改正手続が定められている。すなわち，憲法の改正には，各議院の総議員の3分の2以上の賛成で国会がこれを発議し，国民に提案してその承認を経なければならない。この承認には，特別の国民投票または国会の定める選挙の際に行われる投票において，その過半数の賛成を必要とする（憲法96条1項）。

（2）財政的権能

憲法第83条では，「国の財政を処理する権限は，国会の議決に基づいて，これを処理しなければならない」と明記し，国会を中心とする財政制度の原則を定めている。

①**予算の議決**　財政に関する国会の権能のうちで，最も重要なものは予算の議決である。内閣は，毎年予算を作成して国会に提出し，その審議を受け，議決を経なければならない（憲法73条5号，86条）。

国の予算は，予算総則，歳入歳出予算，継続費，繰越明許費および国庫債務負担行為からなり，会計年度は毎年4月1日に始まり翌年の3月31日に終わる（財政法16条，11条）。

国の予算は，その態様によって本（総）予算，補正予算および暫定予算に分類することができる。予算は普通，通常国会の審議が開かれる1月下旬に，〇〇年度一般会計予算，同特別会計予算として，政府関係機関予算とともに，内

閣総理大臣名で提出される。

　この全体を本（総）予算という。会計年度の途中で経費が不足したような場合に，追加したり手直ししたりするが，これは「補正予算」と呼ばれている。また，本（総）予算が4月1日の年度初めまで成立しなかったときに，その成立の間まで一定期間を限って執行する予算を「暫定予算」と呼んでいる（財政法29条，30条）。

　予算の提出権は内閣のみにあり，議員にはない。また予算は，衆議院に先に提出され，予算の自然成立に関する衆議院の優越が認められている。

　予算に対する国会の権能に関してよく問題となるのは，国会にどの程度まで予算の修正権があるのかということである。政府の統一見解によれば，「国の予算修正については，それがどの範囲で行いうるかは，内閣の予算提案権と国会の審議権の調整の問題であり，憲法の規定からみて，国会の予算修正は，内閣の予算提案権を損なわない範囲内において可能と考える」（昭52.2.23，衆院予算委員会での政府統一見解）としている。

②**決算の審査**　国会は予算を議決するだけでなく，国家の支出がその予算の目的に従って，適法かつ適切に行われたかについても審査する権能を持たねばならない。そこで，憲法第90条第1項において，「国の収入支出の決算は，すべて毎年会計検査院がこれを検査し，内閣は次の年度に，その検査報告とともに，これを国会に提出しなければならない」と定めている。

③**租税法定主義**　新たに租税を課し，または現行の租税を変更するには法律によらねばならない（憲法84条）。租税は，国民の権利義務や生活に重大な影響を及ぼすのみならず，租税収入は国庫の主要財源の一つであるから，租税制度を法律で定めることは，国会の重要な財政上の権能である。

（3）　その他一般国務に関する権能

①**内閣総理大臣の指名権**　内閣総理大臣は，国会議員の中から国会の議決でこれを指名し，そして国会の指名に基づいて，天皇が内閣総理大臣を任命する（憲法67条1項，6条1項）。国会における内閣総理大臣の指名は，わが国の現行

議院内閣制を支える重要な権能である。

なお，すでに述べたように，内閣総理大臣の指名の議決についても衆議院の優越がみとめられている。

②**裁判官弾劾裁判所の設置**　裁判官は，裁判において心身の故障のために職務を執ることができないと決定された場合を除いては，公の弾劾によるものでなければ罷免されない（憲法78条）。公の弾劾機関として国会には罷免の訴追を受けた裁判官を裁判するために「裁判官弾劾裁判所」と裁判官の罷免の訴追を行う機関として「裁判官訴追委員会」が設けられている（憲法64条1項，国会法125条，126条）。

弾劾裁判所は各議院の議員の中から選挙された各々7人の裁判員で構成され，また罷免の訴追を行う裁判官訴追委員会は，各議院で選挙された各10人の訴追委員で構成される（裁判官弾劾法16条12項，5条1項）。

③**法律に基づく権能**　国会はその他，その立法権に基づいて制定した各種の法律により，たとえば次のような権能を有している。すなわち，緊急事態の布告を承認すること（警察法74条），自衛隊の出動を承認すること（自衛隊法76条，78条），国の地方行政機関の設定を承認すること（地方自治体法156条6項，7項），中央選挙管理委員会委員を指名すること（公職選挙法5条2項）等。

（4）　各議院の権能

衆議院および参議院は共同して国会の意思を決定する権能を行使するほか，一方では各議院は他の議院とは関係なく，院の独自性に基づいて単独で行使できる権能を有している。

①**国政調査**　各議院が立法その他の国政に関する権能を行使する場合，その基礎となる資料および情報を入手するとともに，政府から必要な報告や説明を求める等の調査活動が必要である。

憲法では，「両議院は，各々国政に関する調査を行い，これに関して証人の出頭及び証言並びに記録の提出を要求することができる」（憲法62条）と定めている。これに基づく権能が，各議院の国政調査権である。

憲法で明記されている国政調査権の下で，国会法や議院における証人の宣誓および証言等に関する法律や衆・参各議院の規則等で各議院や委員会は，①議案審査や国政調査のため議員を派遣する（国会法103条，衆議院規則55条，参議院規則180条の２），②内閣や各省庁などに報告や記録の提出を求める（国会法104条，衆議院規則56条，参議院規則181条），③証人に出頭を求め，証言を要求したり，記録を提出させたりする（議院証言法１条，衆議院規則53条，参議院規則184条他）等の権能が認められている。

　ただし，国政調査権にも一定の制約が設けられている。たとえば，国政調査権は純然たる私人間の関係や個人のプライバシーに関することには及び得ないし，また裁判所が司法権の行使として，憲法上独立して行う裁判の内容などには，国政調査権は及ばないとされている。

②議院規則の制定と役員の選任　衆参の各議院は，各々その議院やその他の手続および内部の規律に関する規則を定めることができる（憲法58条２項）。また各議院には，各々その議長その他の役員を自ら選任する権能が与えられている（憲法58条１項）。

　ここでいう役員とは，議長，副議長，仮議長，常任委員長および事務総長を指し（国会法16条），事務総長が国会議員以外の者から選任されることを除いて，他はすべて国会議員の中から選任される。

③議員の懲罰と資格争訟の裁判　各議院は各々，院内の秩序をみだした議員を懲罰することができる（憲法58条２項）。

　懲罰の種類としては，①公開議場における戒告，②公開議場における陳謝，③一定期間の登院停止，④除名，がある。（国会法122条）。これらのうち除名は，議員の身分を失わせるものであるから，特に出席議員の３分の２以上の多数の議決によることが必要とされている（憲法58条２項）。

　各議院には，そのほかに議員の資格についての争訟を裁判したり，議員の逮捕を許諾したり，釈放を要求する権能がある（憲法55条，50条，国会法33条，34条）。

④衆議院の内閣不信任決議と参議院の緊急集会　以上において述べてきた権能

は，いずれも両議院に共通に与えられているものであるが，衆・参院のいずれか一院だけが有する権能もある。たとえば，衆議院には内閣に対する信任，不信任の決議権と参議院の緊急集会で採られた措置に対する同意権があり，参議院には衆議院が解散中に内閣の求めに応じて緊急集会(注)を開く権能がある（憲法69条，54条2項，3項)。

> (注) 緊急集会とは，衆議院の解散中に国に緊急の事態が起こり臨機の措置を必要とする場合に，参議院の集会を求め，臨時に参議院をして国会の権能を代行させる制度である。

4 国会議員

(1) 国会議員の身分と権能

〈1〉**国会議員の身分（地位）** 国会議員は，全国民を代表する（憲法43条）。全国民を代表するということは，選出されてきた選挙区や選挙民を代表するものでなく，また国民の一部の意見や利益を代表するものでない。それは国民全体の意見や利益を代表するということを意味している。

国会議員はひとたび選挙された以上は，その代表は独立的なものであって，他からの指示や要求に拘束されず，独自の判断で国政に参加する任務を負う。そのために，国会議員は自由な活動を保障する措置がとられている。

国会議員は次の理由による以外に，その身分を失うことはない。

①任期満了のとき（憲法45条，46条）
②解散のとき（憲法69条，7条3項）
③資格争訟の裁判で無資格とされたとき（憲法55条，国会法111条～113条）
④除名されたとき（憲法58条2項）
⑤辞職したとき（国会法107条）
⑥退職したとき（国会法108条，109条）
⑦選挙に関する争訟で当選無効となったとき（公職選挙法204条以下，251条，25条の2）

〈2〉**国会議員の権能**　両議院の議員は，その属する議院の一員として，次のような権能を有する。
①議案の発議権（国会法56条1項）
②内閣に対する質問権（国会法74条，75条，76条）
③議案に対する質疑・討論・表決権（衆議院規則118条，135条他，参議院規則108条，113条他）
④臨時国会要求権（憲法53条，国会法3条）
⑤議院への請願の紹介権（国会法79条〜82条）

（2）　議員の特権

　議員が自由に活動し，その職務を遂行することを保障するために，憲法は国会議員に対して一般の国民には認められていない次のような特権を認めている。
①**不逮捕特権**　憲法第50条では「両議院の議員は，法律の定める場合を除いては，国会の会期中逮捕されず，会期前に逮捕された議員は，その議院の要求があれば，会期中これを釈放しなければならない」と定めている。これを議員の不逮捕特権という。
　ここでいう法律の定める場合とは，国会法第33条のことを指しており，そこでは院外における現行犯の場合とその院の許諾がある場合の二つを規定している。
②**免責特権**　憲法第51条では，「両議院の議員は，議院で行った演説，討論又は表決について，院外で責任を問われない」と定めている。普通これを，免責特権という。
　ただし，議員の発言が院内において，議員自身によって責任を問われる場合はある。たとえば，議員の発言が院内の秩序を乱した場合は，懲罰対象の理由となる。
③**歳費を受ける権利**　国会議員は重要な職責を有しているので，特に憲法では歳費を受ける権利を定めている（憲法49条）
　歳費は，国会の議員として国権の最高機関の一員にふさわしい体面を維持し，

職権を全うするために相当と認められる額でなければならない。憲法の規定を受けて国会法第35条では歳費の額を「議員は一般職の国家公務員の最高の給料額より少なくない歳費を受ける」と定めている。

国会議員にはこのほか，文書通信交通費，期末手当などが支給される。また各議員には，国費から3人の秘書が与えられ，議員活動の便に供するべく議員会館の事務室が提供されている（国会法132条）。

④**国会議員の義務**　国会議員は，全国民の代表として国政に参与するという重要な身分（地位）と権能を与えられているが，一方では国民の選良としてその職務と義務を果たすことを求められている。

国会法では，国会議員に対していくつかの義務を定めている。たとえば，議員は，召集詔書に指定された期日に，各議院に集会しなければならない（国会法5条）とか，会期中本会議または委員会に出席しなければならない（国会法124条）等。

国会議員はまた，議院または議場の秩序を乱したり，議院の品位を傷つけたり，無礼の言を用いたりしてはならない（国会法116条，119条）。

なお，第104国会より各議院に政治倫理審査会が設置され，同審査会は行為規範に著しく違反し，政治的道義的に責任があると認めた国会議員に対して，行為規範遵守の勧告，一定期間の登院自粛の勧告，役員もしくは特別委員長の辞任の勧告をできることになった（国会法124条の2，124条の3，124条の4，衆議院政治倫理審査会規定3条他）。

2008年1月現在の会派勢力は次の通りである。
・衆議院・・・自民党（304），民主党（113），公明党（31），共産党（9），社民党（7），国民新党（6），無所属（9），欠員（1），合計480。
・参議院・・・自民党（84），民主党（120），公明党（21），共産党（7），社会民主党（5），無所属（5），合計242。

―― 〈コラム①　党首討論〉 ――

　これは，1997年7月の「国会審議活性化法」に基づき，政府委員制度の廃止や中央省庁再編に合わせて，国会における審議の活性化を目指して導入された制度である。イギリスの「クェッション・タイム」がモデルである。わが国では，衆参両院における国家基本政策委員会の合同審査会を舞台に，原則として毎週45分間，首相と野党党首の間で論戦が繰り広げられる。2000年1月に召集された第147国会から実施されている。

―― 〈コラム②　公聴会〉 ――

　これは国会法の規定に基づく，常任委員会の議事の特別形式であり，一般的関心や目的を持つ重要な案件について真に利害を有する者もしくは学識経験者などから意見を聴取する制度である。予算や重要法案のなどについては，必ず開催しなければならない。公述人は，ラジオ，テレビおよび官報などで公募する。

―― 〈コラム③　世襲議員〉 ――

　わが国では選挙で，地元への利益誘導を計るために，＜地盤＞＜看板＞および＜鞄＞を備えた世襲議員に頼ったほうがベターであるという考えがある。世襲議員には，血族型，地盤型，職業・利益型および組織型がある。衆議院の場合，2・3世議員は，28%を占めている。

第2章　国会の活動

1　国会の召集と会期

　国会は，内閣の助言と承認により天皇が召集する（憲法7条2号）。召集とは，各議員に一定の期日に特定の場所に集会を命ずるもので，これにより国会は活動状態に置かれる。

　召集される国会には，常会，臨時会および特別会の三つの場合があり，その呼び方は新憲法の下で，初めて召集された国会を第1回国会と呼び，常会，臨時会および特別国会を区別しないで，会期ごとに以下，第何回国会と称している。

（1）　常会（通常国会）

　通常国会は毎年1回，1月中に召集される（憲法52条，国会法2条）。この通常国会では，新年度の予算案と予算関連法案などが審議される。通常国会の会期は150日と定められている。そして，必要があるときは1回に限り，会期を延長することができる（国会法10条，12条2項）。

（2）　臨時会（臨時国会）

　臨時国会は，臨時に緊急の必要がある場合に召集される。たとえば，内閣首班＝内閣総理大臣を決めなければならないときや緊急を要する条約，法律案あるいは災害対策のために審議しなければならない場合に召集される。

　内閣は臨時国会の召集を決定することができるが，いずれかの議院の総議員の4分の1以上の要求があれば，内閣はその召集を決定しなければならない（憲法53条）。その他，衆議院議員の任期満了による総選挙や参議院議員の通常選

挙の後に，その任期が始まる日から30日以内に臨時国会を召集しなければならない（国会法2条の3）。

なお，臨時国会の会期は一定しておらず，そのつど国会が決定する。また必要のあるときは2回に限って会期を延長することができる（国会法11条，12条）。

（3） 特別会（特別国会）

特別国会は，衆議院の解散による総選挙があった後に召集される（憲法54条1項）。特別国会では，内閣総辞職に伴い，衆議院において召集日に正・副議長，常任委員会を選出し，同時に両議院において内閣総理大臣の指名が行われる（憲法54条1項，70条）。

特別国会の会期も，臨時国会の場合と同様に，そのつど国会が決定し，また必要のあるときは2回に限り会期を延長することができる（国会法11条，12条）。

なお，特別国会は，通常国会と併せて召集することができる（国会法2条の2）。

（4） 会期不継続の原則

国会は会期中においてのみ活動能力を有する。国会は各会期ごとに独立で，かつ，別個の存在であり，前の会期の国会と後の会期の国会の間には意思の継続がないものとして取り扱われる。これを会期不継続の原則と呼んでいる。

したがって，会期中に議決に至らなかった案件は，後の会期に継続しない（国会法68条）。たとえば，衆議院で審議未了となった法律案や衆議院は通過したが，参議院では審議未了となった法律案を，次の会期で審議する場合には，再び新しく提出して最初から審議しなければならない。

ただし，各議院の委員会については，各議院の議決で特に付託された案件については，会期外の閉会中も審査できる（国会法68条）。委員会の継続審査と呼ばれるものがこれである。継続審査の認められた案件は，次の会期にあらためて提出しなくても，次の会期に継続する[注]。

なお，国会の意思がひとたび決定された場合，同一会期において，再度同じ

議案について，審議・決定することは出来ない。これを「一事不再議」という。

(注) 会期と会期の間は，閉会（中）と呼ぶが，会期の一時的休止を「休会」という。休会には，「国会の休会」と「議院の休会」があり，前者は，会期中に国の行事，年始・年末，その他の都合で両院の議事を一斉に休止するものであり，後者は，各議院が単独で休会を議決するものである。

2 開会式

国会の開会式は，毎国会会期のはじめに，衆・参両議院の議員が参議院の議場に集まり，天皇陛下をお迎えして行われる（国会法8条，衆議院先例集29号，30号，参議院先例録27号，29号他）。

開会式は，衆議院議長が主宰する。衆議院議長に事故があるときは，参議院議長が主宰する（国会法9条）。開会式では，衆議院議長が両院を代表して式辞を述べ，天皇陛下からおことばを賜わる（衆議院先例集31号，32号，参議院先例録38号，39号）。

開会式は，通常国会では1月下旬に，臨時国会では召集日から数日内に，また特別国会では新内閣成立後，内閣総理大臣の施政方針に関する演説のある日に行われるのが慣例となっている（衆議院先例集29号，参議院先例録36号）。

天皇陛下がおいでの際は，議長，副議長，常任委員長，特別委員長，議員，事務総長，法制局長，事務局および法制局職員がお迎えし，お見送りをする（衆議院先例集32号，参議院先例録33号）。

なお，開会式の前に，議長，副議長は，御休所において天皇陛下にお目にかかる（衆議院先例集33号・参議院先例録40号）。

開会式式場における各参列者の席は，正面に向かって右側を参議院議員，左側を衆議院議員の席としている。

ちなみに，開会式に参列する者の服装は，男子はモーニングコート，女子はアフタヌーンドレスまたは白襟紋付を建前とするが，平服でも差し支えない（参議院先例録43号）。また開会式には，認証官，地方公共団体代表者に案内状を送付するほか，外交官，公務員，新聞通信放送社員，ニュース映画社員および一般の国民も参観が許可されている（衆議院先例集36号，参議院先例録45号）。

3　院の構成と議院の役員

（1）　院の構成

　衆議院および参議院が実際に活動するためには，国会が召集された日のうちに，まず役員の選挙を行うなどして，審議を始めるための組織を固めなければならない。これを一般に院の構成という。

　院の構成に関しては，衆・参両院の先例集（録）に記載されている。それによると，だいたい次の順序を例としている。

　①議長，副議長の選挙
　②議席の指定
　③会期の件および会期延長の件
　④常任委員長の選挙およびその辞任
　⑤事務総長の選挙
　⑥特別委員会設置の件
　⑦常任委員長解任決議案
　⑧懲罰事犯の件
　⑨議員の逮捕について許諾を求める件
　⑩両院協議会協議委員の選挙（衆議院先例集199号，参議院先例録195号）

　憲法第67条では，内閣総理大臣の指名は他のすべての案件に先だって，これを行うことになっており，院の構成と同様に先議案件[注]となっている。院の構成と内閣総理大臣の指名が問題となるのは，衆議院の解散・総選挙後に召集される特別国会の場合である。

　　（注）　内閣不信任決議案や国務大臣に対する不信任決議案も先議案件として扱われる。なお，議席については，召集日に議員の所属会派別に従って議長が指定する（衆議院先例集21号，参議院先例録10号）。実際には議員の議席は，議院運営委員会（総選挙後初めて召集される国会にあっては各派協議会）において決定した各会派の区画に基づいて，会派別に指定される。

　議場は半円型で，衆議院では，議長席より見て中央を第一党とし，その左側を第二党以下順次少数の会派の議席としている。なお，無所属の議席は，おお

むね議長席より見て右側の先端とするが一様ではない。参議院では，中央が第一党で第二党以下の政党は左右に分かれている。個々の議員の議席は，議長が議員在職年数，年齢を考慮の上定めている。

（2） 議院の役員

①**役員の種類**　各議院の役員は，すでに述べたように議長，副議長，仮議長，常任委員長，事務総長とされており（国会法16条），前四者は，議員の中から議院において選挙し，事務総長については，議員以外の者から議院において選挙する（国会法27条）。

・議長・副議長　議長・副議長の定員は各1名である（国会法17条）。また任期は各々議員としての任期による。（国会法18条）。

　議長は，その議院の秩序を保持し，議事を整理し，議院を監督し，議院を代表する（国会法19条）。副議長は，議長に事故があるときまたは議長が欠けたときに，議長の職務を行う（国会法21条）。

　衆・参両院の議長は，行政，司法の各長である内閣総理大臣，最高裁判所と同列とされており，その権威は高い。

・仮議長　各議院において，議長および副議長が共に事故あるときは，仮議長が選任され，議長の職務を代行する（国会法22条）。

・常任委員長　常任委員長は，各議院において，常任委員の中から選挙される（国会法25条）。常任委員長の職務は，委員会の議事を整理し，秩序を保持する（国会法48条）。任期は，議員としての任期による（国会法42条）。

・事務総長　事務総長は，すでに述べたように，各議院において国会議員以外の者からこれを選挙する。事務総長は，議長の監督の下に，議院の事務を統理し，公文書に署名する（国会法28条）。また，参事その他の職員を，議長の同意および議院運営委員会の承認を得て任免する（国会法27条）。事務総長の重要な役割としては，議長，副議長，仮議長の選挙の場合に，議長の職務を代行することである（国会法6条，7条，22条，23条，24条）。

②**議長の権限**　議長は次に述べるような強大な権限を有するので，公正である

ことが求められる。また，その不偏不当性を確保するために，最近では議長の党籍離脱が慣例化している。

議長の権限としては，次のものがあげられる。
・議事整理権（国会法55条，56条）
・秩序保持権（国会法19条，国会法14章，15章，衆議院規則16章，17章，18章，参議院規則16章，17章，18章）
会議における秩序権，内部警察権，懲罰事犯の懲罰委員会付託
・議院事務の監督権（国会法28条，131条4項）
・議院代表権（国会法71条，72条，75条，110条等）
具体的には，本会議開会の権限，議員の発言を制限する権限，議案審議の優先順位を決める権限，警察官派遣要請や指揮の権限等があり，また各議院が天皇，内閣，行政官庁，裁判所その他一般に外部との交渉の際は，原則として議長の名において行われる。

4　本会議と委員会

（1）本会議

各議院が議院としての最終的な意思決定＝議決を行うのは，全議員が集合する会議，すなわち本会議においてである。

①**基本原則**

・公開の原則　両議院の会議は，公開して行わなければならない。会議公開の原則がこれである。ただし，出席議員の3分の2以上の多数で議決したときは，秘密会とすることができる（憲法57条，国会法62条）。

この場合の公開とは，傍聴の自由と報道の自由のことをさしている。本会議の議事録については，憲法で「両議院は，各々その会議の記録を保存し，秘密会の記録の中で特に秘密を要すると認められるもの以外は，これを公表し，且つ一般に頒布しなければならない」（憲法57条2項）と定めている。

・定足数　両議院は，各々その総議員の3分の1以上の出席がなければ，議事を開き議決することができない（憲法56条1項）。

この総議員とは，衆・参議院の先例集では議員の法定数を指し，議員に欠員があったときでも，衆議院の場合480人の3分の1にあたる160人以上，参議院の場合252人の3分の1にあたる84人以上の議員が出席しなければ本会議を開くことができない（衆議院先例集222号，参議院先例録230号）。

・多数決の原則　両議院の議事は，憲法に特定の定めのある場合(注)を除いて，出席議員の過半数でこれを決する（憲法56条2項）。これが多数決の原則と呼ばれるものである。

　　（注）　ここでいう特別の場合とは，①憲法改正の発議の場合（憲法96条1項），②議員の資格争訟の裁判により議席を失わせる場合（憲法55条），③両議院の会議で秘密会を開く場合（憲法57条1項），④議員の除名の場合（憲法58条2項），⑤衆議院における法律案の再議決の場合（憲法59条2項），である。

②**本会議の開会日時**

衆議院および参議院はともに，本会議を開く日を慣例によって定めており，これを定例日と呼んでいる。

衆議院の会議は，火曜日，木曜日，金曜日に開くのを例としている。また，参議院の会議の定例日は，月曜日，水曜日，金曜日となっている。ただし，議長が必要と認めたときは，定例日以外の日でも開会する（衆議院先例集213号，参議院先例録217号）。

本会議の開会時刻は，衆議院では午後1時，参議院では午前10時である。ただし，場合により，定刻以外の時刻に開くこともある（衆議院先例録208号，参議院先例録206号）。

③**議事日程**

本会議は，議事日程に記載された順序に従って進められる。議事日程とは，本会議の日時および本会議に付する案件ならびにその順序を定めたもので，その日程は前もって議長が決める（国会法55条，衆議院規則109条，参議院規則86条他）。議事日程は，広報(注)に記載しあらかじめ各議員に通知し，それは官報にも掲載される（衆議院規則110条，参議院規則86条2項他）。

議事日程にはまた，法律案，予算，条約や請願ばかりでなく，議長，副議長

の選挙等，本会議で取り扱われるすべてのものが記載されている。

  （注） 衆議院広報および参議院広報は，国会開会中は毎日発行され，本会議，委員会の開会予定，その他諸般の事項を記載し，あらかじめ各議員に通知される。

④施政方針演説

 国会が召集されると，まず開会式が行われ，続いて衆・参両議院の本会議において政府演説が行われる。これに対して，各党代表が質疑を行う。

 政府演説とは通称で，正式には国務大臣の演説と呼ばれる。内閣総理大臣の演説は，通常国会の場合は，新年度の政治全般について基本姿勢を示すので，「施政方針演説」といい，臨時国会や特別国会の場合は，当面の政治課題に対する考えを表明するところから，「所信表明演説」という。通常国会においては，このほかに外務大臣の外交演説，財務大臣の財政演説，経済産業大臣の経済演説が行われる。

 施政方針演説や所信表明演説が重視されるのは，時の内閣総理大臣や政府の基本的姿勢，内政・外交への取り組み方などが示され，これが国会論戦の主要な争点となってくるからである。

 通常国会では，演説のあった日の後一日おいて各党を代表する議員の質疑が行われる。質疑者の人数は，そのときの各党の勢力によって異なるが，最初に質疑をするのは，慣例として野党第一党の議員で，普通衆・参各議院で2日間にわたって行われる（衆議院先例集253号，参議院先例録248号）。

 政府演説や質疑の際には，全大臣が出席して，議場の大臣席に着席することになっている。この様子はテレビなどを通じて国民にも明らかにされるので，本会議の議事としては最も重要でかつはなやかなものである。

（2） 委員会

 新憲法下の国会は，戦前とは違って本会議より委員会審議に比重を置いており，委員会中心主義をとっている。

 国会に法律案が提出されると，まず最初に委員会に付託され，委員会の審査

委員会の構成

委員会は，常設機関である常任委員会と，会期ごとに各議院が必要なとき，議院の議決で設けられる特別委員会とがある。議員は任期中，少なくとも一つの常任委員になることになっている。

常任委員会

衆参ともに17種類の常任委員会が設けられている。

衆議院		参議院	
名　称	委員数（人）	名　称	委員数（人）
内　閣	30	内　閣	20
総　務	40	総　務	25
法　務	35	法　務	20
外　務	30	外交防衛	21
財務金融	40	財政金融	25
文部科学	40	文教科学	20
厚生労働	45	厚生労働	25
農林水産	40	農林水産	20
経済産業	40	経済産業	21
国土交通	45	国土交通	25
環　境	30	環　境	20
安全保障	30	国家基本政策	20
国家基本政策	30	予　算	45
予　算	50	決　算	30
決算行政監視	40	行政監視	30
議院運営	25	議院運営	25
懲　罰	20	懲　罰	10

が終わったところで委員長が本会議に報告し，その委員会の報告に基づいて本会議で議院としての意思決定を行うという方法がとられている。

このように国会の審議手続は，委員会が中心となっている。国会には，常任委員長と特別委員会という2種類の委員会が置かれている（国会法40条）。

①常任委員会

常任委員会は，付託される議案などの有無にかかわらず常設されている委員会で，その部門に属する議案（決議案を含む），請願等を審査する（国会法41条）。

衆議院には次の17の委員会が，また参議院にも17の委員会が置かれている。
・内閣委員会・総務委員会・法務委員会・外務委員会・財務金融委員会・文部科学委員会・厚生労働委員会・農林水産委員会・経済産業委員会・国土交通委員会・環境委員会・安全保障委員会・国家基本政策委員会・予算委員会・決算行政監視委員会・議院運営委員会・懲罰委員会。

これらのうちで，内閣委員会など委員会の所管事項はほぼ政府の各省の所管事項に対応している。

常任委員会の委員は，会期の始めに議院において選出し，議員の任期中その任にあるものとされ，議員は少なくとも1個の常任委員となる（国会法42条）。また常任委員は，各会派の所属議員数の比率により，これを各会派に割りあて選任する（国会法46条）。常任委員の数は衆議院では一番多いのが予算委員会の50人，一番少ないのが懲罰委員会の20人で，その他の委員会は40人，30人，25人となっている。参議院では，予算委員会が一番多くて45人，一番少ないのが懲罰委員会の10人である。

衆・参各委員会の所管事項と委員会の人数については，衆議院規則第92条および参議院規則第74条に各々明記されている。

なお，常任委員会の中で，特殊な地位と機能をもつのが，議院運営委員会[注]である。ちなみに，衆議院の議院運営委員会の所管を挙げるなら，議院の運営に関する事項，国会法および議院の諸規則に関する事項，議長の諮問に関する事項，裁判官弾劾裁判所および裁判官訴追委員会に関する事項，国立国会図書館に関する事項となっている。また，参議院の議院運営委員会の所管は，議院の運営に関する事項，国会法その他議院の法規に関する事項，国立国会図書館の運営に関する事項，裁判官弾劾裁判所および裁判官訴追委員会に関する事項となっている。

議院運営委員会は，いわば国会運営の舞台まわしの役目を遂行する重要な委員会であり，国会運営をめぐる各会派の駆け引きの場となっている。

（注）議院運営委員会は，衆参両院それぞれに設置され，委員は，各会派の所属議員数により選任される。委員会の理事や委員には，各党の国会対策委員

会の幹部が多く含まれる。主な役割は，本会議の日程，議題，発言者，時間，採決方法などの本会議の運営に関する協議，委員会や調査会の設置，国会法の改正や議院規則の改正，同意人事案件の取り扱いおよび庶務的事項，などである。

②**特別委員会**

特別委員会は，各議院がその院において特に必要があると認めた案件または常任委員会の所管に属しない特定の案件を審査するために設けられるものである（国会法45条1項）。

特別委員会は，会期ごとにその院の議決で設けられ，委員の数や所管事項もそのつど決められる（衆議院規則33条・100条，参議院規則29条2項・78条也）。特別委員会は，付託された案件がその院で議決されれば消滅する建前になっている。特別委員会は，特定の案件ごとに設置されるものである。しかし，最近では一度設置されると，同じ案件について引き続き何国会にもわたって特別委員会が設置される傾向にある。

③**委員会の会議**

委員会には，委員長および数人の理事が置かれる。委員長は委員会の議事を整理し，秩序を保持し，委員会を代表する。委員会の開会の日時は，委員長が決める（衆議院規則66条，67条，参議院規則38条他）。しかし，実際には，理

特別委員会

委員数や所管は，設置のときの議院の議決で決められる。

平成19年1月25日（第166国会（常会）召集日）現在。

衆議院		参議院	
名称（略称）	委員数（人）	名称（略称）	委員数（人）
災害対策	40	災害対策	20
倫理選挙	40	沖縄・北方	20
沖縄北方	25	倫理選挙	35
青少年	25	拉致問題	20
テロ・イラク	45	ODA	30
拉致問題	25	憲法	35
憲法	50		

事会であらかじめ各党の理事の意見を聞いて決める。理事会は，委員会の運営について常時協議し，委員会の円滑な運営を図る役割を担っている。

　委員会の日取りが決定されると，委員長は日時，案件，委員室をあらかじめ衆議院または参議院広報に掲載して各委員に通知する。

　各委員会は通常，午前10時頃から開かれることが多い。しかし，ときには午後から開かれる場合もある。委員会の会議を開くには，委員の半数以上の出席が必要で，これを委員会の開会の定足数という（国会法49条）。委員会の議事は，出席委員の過半数でこれを決し，可否同数のときは，委員長が決裁権を行使するが，委員長は表決には加わらないことが慣例化している（国会法50条，衆議院委員会先例集118，119，参議院委員会先例録160，162）。

　委員会は，議員の外傍聴を許さない。ただし，報道の任務にあたる者その他の者で委員長の許可を得たものについては，この限りでない（国会法52条）。なお，委員会の会議は，本会議と異なって非公開が原則となっている。

　委員会の会議は，非公開とされているのでその議事の記録＝委員会会議録は一般に頒布されず，議員だけに配布している。ただし，委員会会議録は，国立国会図書館に寄贈されており，同館はこれを都道府県，指定都市の議会図書館に送付しているので，一般の人々も目にすることが可能である

第 2 章　国会の活動

── 〈コラム④　国会議員の秘書〉 ──

　衆参の国会議員は，第1秘書，第2秘書および政策秘書の三人を公費で雇うことができる。この他に，多くの議員は私設秘書として，国会議員会館の事務所と選挙区の地元事務所に数名の秘書を雇っている。給与が秘書の能力と関係なく，年齢と在籍年数で決まるため，有能な秘書が「口利きビジネス」に手を染めるケースも見られる。

── 〈コラム⑤　国対政治〉 ──

　これは公式の議論の場である国会を離れて，各政党の国会対策委員会の関係者が行う非公式な国会審議促進のための交渉である。衆参両院には，常任委員会のひとつとして，議院運営委員会が置かれており，審議事項，質問時間審議日程および法案採決などを調整する。しかし，国会審議をめぐって与野党が対立し，審議がストップした場合，各党の国会対策委員会の委員長や委員が問題を協議する。

── 〈コラム⑥　安定多数〉 ──

　政府・与党が安定した国会運営を行うためには，一定の数の議席数が必要である。常任委員会の委員長を含めて，委員会の過半数を維持できる議席数を安定多数といい，常任委員会の委員長を含めず，すべての常任委員会で過半数を占めることができる議席を絶対安定多数という。例えば，衆議院で安定多数を占めるには252の議席，また絶対安定多数を占めるには269の議席が必要である。

第3章　立法過程
　　　　＝法律案の審査

参議院第一委員室

　法律は，国権の最高機関である国会で制定され，それは憲法に次いで最も強力な効力を有するものである。国会に提出される法律案の審査方法は，必ずしも一様ではない。そこで本章では，各法律案の審査に共通する一般的な法律の制定プロセスを中心に説明することにする。

1　委員会審査

(1)　法律案の提出
　法律案が国会へ提出される場合は，すでに述べたように，政府，すなわち内閣が提出する場合と，国会議員が発議（提出）する場合とがある。その他に議員提出の中で，特殊なものとして委員会提出法案がある（国会法50条の2）。

(2)　付託
　議長は，法律案が内閣から提出されたとき，所属する議員から発議されたとき，および他の議院から提出され送付されたときは，これを適当な委員会に付託する（国会法56条2項）。
　法律案を委員会に付託するというのは，法律案を委員会の審査に付することである。

(3)　提案理由の説明
　委員会における法律案の審査は，まず法律案の発議者または提出者から法律案の趣旨説明を聞くことから始まる（衆議院規則44条，参議院規則39条）。これを提案理由の説明という。議員発議の法律案の場合には，これを発議した議

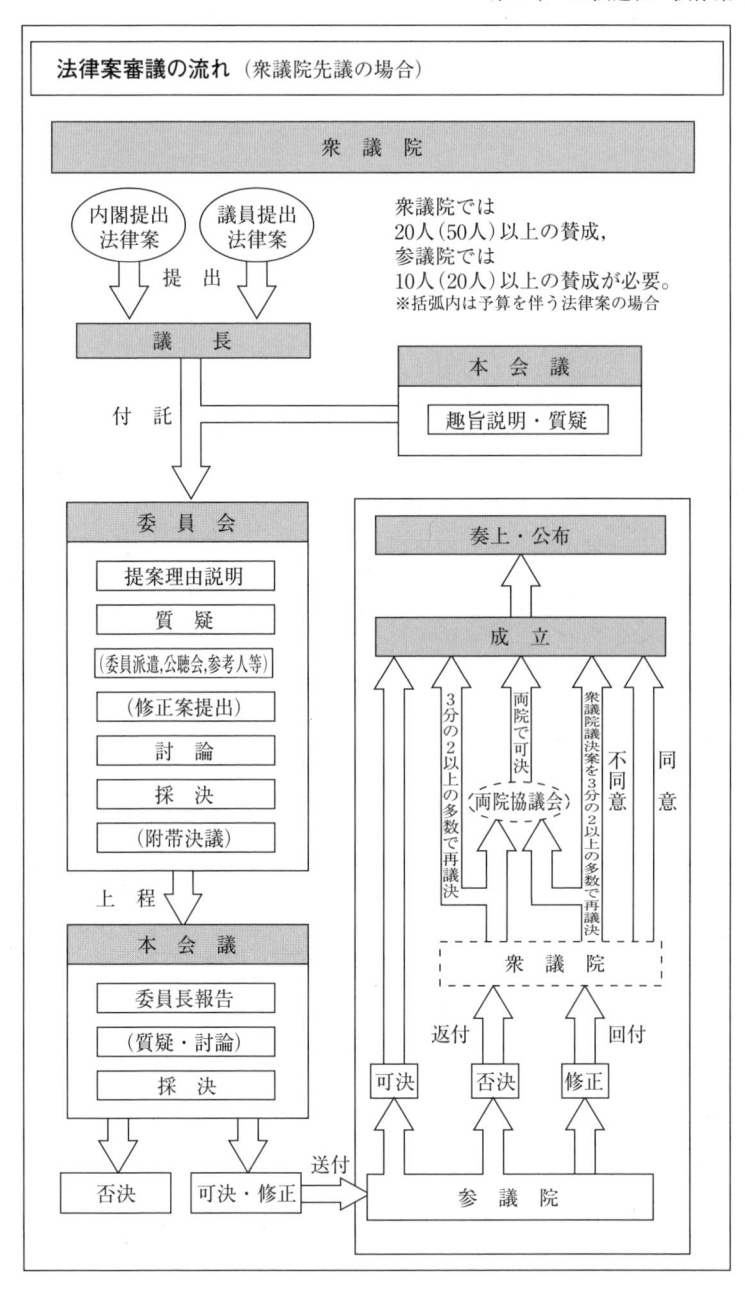

第3章　立法過程＝法律案の審査

法律案審議の流れ（衆議院先議の場合）

衆議院

内閣提出法律案／議員提出法律案 → 提出 → 議長

衆議院では20人(50人)以上の賛成，参議院では10人(20人)以上の賛成が必要。
※括弧内は予算を伴う法律案の場合

本会議：趣旨説明・質疑

議長 → 付託 → 委員会
- 提案理由説明
- 質疑
- (委員派遣,公聴会,参考人等)
- (修正案提出)
- 討論
- 採決
- (附帯決議)

↓ 上程

本会議
- 委員長報告
- (質疑・討論)
- 採決

→ 否決／可決・修正 → 送付 → 参議院

参議院：可決／否決／修正

返付／回付 → 衆議院（3分の2以上の多数で再議決／両院で可決（両院協議会）／衆議院議決案を3分の2以上の多数で再議決／不同意／同意）

→ 成立 → 奏上・公布

37

員から，また内閣から提出された法律案の場合は，その法律案を担当・起案した国務大臣から説明を聞く。

（4）質疑

趣旨説明が行われると，次に質疑に入る。ここでは各委員が提出された法律案に対して，疑問のある点について疑義をただしたり，考え方をただすための質問をする。この質問を質疑と呼んでいる。

委員会における質疑はきわめて自由に行われ，一問一答の形で行われる。内閣提出の法律案を審査する場合には担当（主管）大臣，政府参考人[注1]（政府委員[注2]）および説明員（各省庁の局長，課長や内閣法制局の職員）が出席して委員の質問に応ずる。

各会派の質疑時間の割り振りや質疑者の順序については，委員長と理事が委員会開催の直前に集まって理事会を開いて決めるのが慣例化している（衆議院委員会先例集42号，45号，参議院委員会先例録137号，138号）。

(注1) 政府参考人とは，国会の委員会が審査または調査を行う場合，委員会の求めに応じて出席し，説明を行う公務員のことであり，各省庁の局長，審議官クラスなどがなる。これまで，委員会での答弁は，政府委員によって行われていたが，それは官僚政治と審議低下の一因とされていた。そこで，1999年国会審議の活性化および政治主導の政策決定システムの確立に関する法律により，副大臣・大臣政務制度が新設された。

(注2) 政府委員とは，国会において法律案の説明等のため国務大臣を補佐するために，両議院の議長の承認を経て，内閣が任命する行政府の職員をいい（国会法69条），通常，内閣官房長官，総理府総務庁官，内閣法制局長官，各省政務次官等が政府委員に任命されていた。

（5）修正

法律案，特に内閣提出のものに対しては，しばしば修正案が提出されることがある。修正案は，あらかじめ委員長に提出しなければならない。なお，法律案に対する修正の結果，予算を伴うもの，また予算を伴うこととなるものについては，修正の結果，必要となる経費を明らかにした文書を添えなければなら

ない（衆議院規則47条，参議院規則46条）。

（6）　討論

　質疑が終わったなら，委員会は質疑の終わりを宣言し，次いで討論に入る（衆議院規則139条，118条，参議院規則112条，113条，衆議院委員会先例集85号，86号，参議院委員会先例録140号）。

　討論とは，委員会の意思を決める前に，委員が議題となっている法律案に対して，反対または賛成の意見を述べることである。討論は，原案に反対，賛成の順序で大きな会派から行うのを例としている。しかし，法律案の内容が簡単であること等のために討論の申し出がない場合においては，委員長からその旨を告げ，討論を省略することもできる。（衆議院委員会先例集89号，参議院委員会先例録142号）。

（7）　表決と採決

　討論が終わって，委員長が討論の終局を宣言すると，委員長は，問題を宣告して表決に付する（衆議院規則50条，参議院規則49条）。

　表決とは，委員が問題に対して賛否の意思を表明する行為をいい，委員長が委員に表決させることを採決という。採決によって，その委員会としての最終的意思が決定されることになる。

　採決を行うには，委員長は，まず表決に付する問題を宣告する。委員会における採決は，挙手または起立の方法によるを例とするが，異議の有無を諮って行う場合もある（衆議院委員会先例集108号，109号，111号，参議院委員先例録158号，159号）。

　委員会の議事はすでに述べたように，出席委員の過半数でこれを決し，否可同数のときは，委員長が決裁する（国会法50条）。

　なお，法律案の採決を行う場合，修正案が提出されているとき[注]は，まず，修正案を採決し，次に原案を採決する（衆議院規則146条，衆議院委員会先例集114号，参議院規則128条，参議院委員会先例録164号）。

（注）　修正案が数個あるときは，その採決の順序は，委員長が決定する。その順序は原案に最も遠いものから先に採決する（衆議院規則145条，参議院規則130条）。

（8）　公聴会

　公聴会は，重要な法律案について利害関係者，学識経験者などの意見を聞くために委員会が開くものであり，総予算および重要な歳入法案については必ず公聴会を開かねばならい（国会法51条1項，2項）。

　公聴会は，議案の審査のために開かれるものであり（衆議院規則76条，参議院規則60条），委員会が公聴会を開こうとするときは，議長の承認を得て，その日時や意見を聞こうとする条件を公示する。公聴会の公示は官報に掲載されるほか，ラジオ・テレビ等を通じて行われる（衆議院規則78条，79条，衆議院委員会先例集242号，244号，参議院規則62条，65条，参議院委員会先例録222号，224号）。

　公聴会は，議員のみならず，一般の人もその開会の希望を申し出ることが出来る。公述人(注)として公聴会に出席して意見を述べようとする者は，あらかじめその理由および案件に対する賛否を委員会に申し出なければならい（衆議院規則80条，参議院規則61条）。

　公述人は，あらかじめ申し出た者およびその他の者の中から委員会においてこれを定め，本人にその旨が通知される（衆議院規則81条1項，参議院規則67条1項）。
　　（注）　公述人とは，公聴会において意見を聴く利害関係者および学識経験者をいう。

（9）　証人・参考人

　委員会は，議長を経由して審査または調査のため，証人の出頭を求めることができる（衆議院規則53条，参議院規則182条2項）。委員会はまた，審査または調査のために必要のあるときは，参考人の出頭を求め，その意見を聞くこと

ができる（衆議院規則85条の2，参議院規則186条）。

　証人とは，過去において自己の経験した事実を陳述する者であり，参考人とは，委員会の審査の参考とするため委員会に出席して意見を述べる者をいう。証人は出頭拒否，証言拒否もしくは偽証した場合には処罰をうける（議院における証人の宣誓及び証言等に関する法律6条，7条，8条）が，参考人は，その出頭も任意に委ねられており，強制力もない。

　証人も参考人もともに，尋問や質疑に答えて証言や意見を述べるものの，証言を求められた範囲や意見を聴こうとする案件の範囲を超えてはならない（衆議院規則54条，参議院規則185条）。

(10)　委員会報告・中間報告

　委員会の審査を終了したときは，議院に対する報告の段階に入る。

　委員会における法律案の審査の結果は，委員長によって議院に報告される（国会法53条）。委員会が付託案件について審査または調査をおわったときは，議案の要旨，目的，議決の理由等について，簡単に説明書を作り，議長に提出しなければならない（衆議院規則86条1項，参議院規則72条1項）。

　法律案は，本会議で議決されたときにはじめて，その議院の意思として最終的に決定されるのであるから，委員会での審査は，形式的には議院の議決という最終段階での判断の資料に供するために，予備的に行っているものといえる。しかし，実際には委員会での意思がそのまま本会議で決定となることが多い。

　中間報告とは，国会法56条の3規定に基づき，議員の求めに応じて，委員会が審査中の案件について議院に報告することをいう。議員は委員会に付託した案件の審査が遅延し，そのままでは，案件の成立が危ぶまれるようなときには，委員会に中間報告を求めることができる（国会法56条の3第1項）。

　なお，中間報告のあった案件については，議員が特に緊急を要すると認めたときは，委員会の審査に期限をつけまたは議院の会議において審議することができる（国会法56条の3第2項）。

2　本会議審査

すでに述べたように，国会に法律案が提出されると，議長はまずこれを所管の委員会に付託する。付託された委員会では，法律案を審査し，それが終わったなら，委員長から議長に委員会報告書が提出され，その法律案はいよいよ本会議の審査に移される運びとなる。

（1）　上程

委員会から法律案が本会議に移されると，本会議の議事が始まる。法律案を本会議の審議にかけることを，一般に上程という。実際に審議に入るときは，議題にするという。

（2）　委員長報告

委員会の審査を終わった法律案が議題となったときは，まず委員長が委員会の審査の経過および結果を口頭で報告する。これを，委員会報告という。次いで少数意見者が少数意見の報告を行う。この場合，委員長，少数意見者は，自己の意見を加えてはならない（衆議院規則115条，参議院規則104条，105条）。

（3）　本会議での質疑・議案の趣旨説明

法律案が委員会の審査から本会議に移されると，委員会に所属する委員以外の一般の議員から質疑がなされることがある。

しかし，委員長報告の後に質疑が行われるのはまれである。というのは，委員会での審査の過程で質疑が十分に行われているのが普通であり，また重要な法案については，後述するように，委員会の審査に入る前に，本会議でもって，法律案の趣旨の説明やこれに対する各会派の質疑が行われていることもあるからである。

本会議における質疑にはいくつかの制約がある。たとえば，質疑にあたっては，自己の意見を述べることができない。質疑は，同一の議題について3回を

第 3 章　立法過程＝法律案の審査

超えることができない（衆議院規則133条，134条の 2 ，110条）等がそれである。

次に本会議での議案の趣旨説明について述べると，法律案はまず最初に委員会で審査されるので，重要な法律案についても，委員会の審査を終了し本会議に付されるまで，全議員がその法律案の趣旨を知ることはできない。

そこで，国会法第56条の 2 では，「各議院に発議又は提出された議案につき，議院運営委員会が特にその必要を認めた場合は，議院の会議において，その議案の趣旨を聴取することができる」と定めている。

議院運営委員会において，特に必要があると認めた場合には，委員会の審査に入る前に，または委員会の審査の途中でも，議院の会議において法律案の提出者から，その趣旨の説明を聴くことができ，また，これに対しては，普通質疑が行われ，担当大臣や提出者が答弁することが例となっている（衆議院先例集247号，248号，参議院先例録256号）。

（4）　本会議での修正

本会議において，法律案に対して修正案がだされることがある。本会議において修正案を提出するには，修正の動機[注1]によるが，それには一定の賛成者を必要とする。すなわち，議案につき議院の会議で修正の動機を議題とするには，衆議院においては議員20人以上，参議院においては議員10人以上の賛成を要する。なお，法律案に対する修正の動議で，予算の増額を伴うものまたは予算を伴うこととなるものについては，衆議院においては議員50人以上，参議院においては議員20人以上の賛成を要する（国会法57条）。

なお，予算の増額修正や，法律案の修正で予算の増額の伴うもの，または伴うことにあるものについては，内閣に対して意見を述べる機会を与えなければならない[注2]（国会法57条の 3 ）。

　　（注 1 ）　動議とは議院において，法律案・決議案等議案の発議ではなく，一定の事項を議題とすることを請求する議員の提案をいい，他の案件に先だって処理する必要のある提案が「緊急動議」である。

(注2) 一つの法律案について，多くの修正案が提出された場合には，議員が提出した修正案は，委員会が提出した修正案よりも先に表決を採る。一つの法律案に対して，議員から数個の修正案が提出された場合は，原案に最も遠いものから順次，これを表決に付し，その表決の順序は，議長が決定する。すべての修正案が否決されたとき，原案について採決する（衆議院規則144条，145条，146条，参議院規則129条，130条，131条）。

（5） 討論

質疑が終わったなら，議長は質疑が終局した旨を宣告し，次に討論に入る（衆議院規則118条，139条，参議院規則112条，113条）。討論とは，各会派の代表が，法律案について反対または賛成の態度を表明することである。討論については，議長は，最初に反対者を発言させ，次に賛成者および反対者を発言させて，なるべく交互に指名して発言させるようにしなければならない（衆議院規則135条，137条，参議院規則93条，116条）。

（6） 採決

討論が終わると，採決ということになる。議長は，表決を採ろうとするときは，まず表決に付する問題を宣告しなければならない。議長がこの宣告をした後は，何人も議題について発言することができない（衆議院規則150条，参議院規則136条）。

本会議の採決には，三つの方法がある。

その一つは起立採決である。これは議長が賛成者に対して起立を求める方法である。議長が表決を採ろうとするときは，問題を可とする者を起立させ，起立者の多少を認定して，可決の結果を宣告する。議長が起立者の多少を認定しがたいとき，または議長の宣告に対し出席議員の5分の1以上から異議の申し立てのあったときは，議長は，記名投票で表決を採らなければならない（衆議院規則151条，参議院規則137条）。

第二は，記名投票[注]である。

議長は，必要と認めたときは，記名投票によって，表決を採ることができる。

出席議員の5分の1以上の要求があるときは，議長は，記名投票により，表決を採らねばならない（衆議院規則152条，参議院規則138条）。記名投票を行うときは，議場の入口を閉鎖する。投票が終わったときは，議長は，その結果を宣告する（衆議院規則153条，154条，155条，参議院規則139条，140条，141条）。

 （注） 議員が記名投票で表決する場合，問題を可とする者は白票（白い名入りの木札）を，一方，否とする者は青票（青い名入りの木札）を投じる。

第三は，異議なし採決である。

これは，あらかじめ全会一致と思われるものについて，議長が異議の有無を諮る方法である。議長は，まず問題について異議の有無を議員に諮ることができる。そして，異議がないと認めたときは，議長は，可決の旨を宣告することができる。ただし，問題についてまたは議長の宣告に対して出席議員20人以上から異議申し立てられたときは，議長は，起立の方法によって表決を採らねばならない（衆議院規則157条，参議院規則143条）。

（7）両院協議会

両院協議会は，国会の議決を必要とする議案について両議院の意思が一致しなかった場合に，両議院の意見を調整するために開かれる協議機関である。

両院協議会は，予算の議決，条約の締結の承認，内閣総理大臣の指名に関して両議院の意思が異なったときに，開くことが義務づけられており（憲法60条2項，61条，67条2項，国会法85条，86条2項），また，法律案の議決についても意思が異なった場合には，衆議院が両院協議会を開くかどうかを判断する（憲法59条2項，3項，国会法84条）。

両院協議会は，各議院で選挙された各々10人の委員で組織され，傍聴を認めない。議事を開き議決するには各議院の協議委員の各々3分の2以上の出席の下に，出席協議委員の3分の2以上の多数で議決することが必要である（国会法89条，91条，92条1項，97条）。

両院協議会の成案は，両院協議会を求めた議院においてまずこれを審議し，他の議院にこれを送付する。成案についての修正はできず（国会法93条），成

案は両院の本会議で可決されたときに成立する。

（8）奏上・公布

　国会の議決を要する議案について，最後の議決があった場合には，その院の議長から，公布を要するものは，内閣を経由して天皇に通告される。これが奏上である。法律は，奏上の日から30日以内にこれを公布しなければならない（国会法65条1項，66条）。内閣は，議院の議長の奏上が，内閣を経由するときに公布について，助言と承認を行い，これを天皇に進達(注)する。

　公布について天皇の裁可があった後に，法律の全文が官報に掲載される。これが公布である。すなわち，公布とは成立した法律を公表して一般国民が知ることのできる状態にしておくことである。

　　　（注）　進達とは，行政府その他の機関相互間で，下級の機関から上級の機関に一定の事項を通知し，または一定の書類を送り届けることをいう。

（9）決議

　各議院は，内閣の政治責任を追及する決議や議院の構成，運営，議員等に関する決議を行うほか，国政の諸般の事項に関し内閣に対する要望，勧告，警告等の意思を表示する決議を行うことができる（憲法69条，国会法41条，衆議院先例集371号，参議院先例録491号他）。決議は，衆議院の内閣不信任の決議および常任委員長解任決議（国会法30条の2）以外は政治的・道義的効力は別として，法的効力を有しない。決議は，議長の発議もしくは議員の動議により，または決議案の形式をもって議院の会議に付することができる。議院の会議における決議案の採択は，全会一致によることを例としているが，大多数の賛成による場合もある。

　なお，委員会においても決議が行われることがある。たとえば，委員会で法律案が可決される際に，当該法律を執行する行政機関に関して，要望，勧告，および運用上の注意を表明するためにつけられる委員会の議決がそれで，これは「附帯決議」と呼ばれている。

3　予算案の審査

　総予算の審査は，通常国会における最大の重要案件であって，この審査を通じて，予算案のみならず，国政全般にわたって時の政治的課題等がとりあげられる。したがって予算委員会の役割は，きわめて重要である。
　総予算の審査は，本会議において国務大臣の演説に対する質疑（代表質問）が終了した後開始される。予算委員会の審査は，①提案理由の説明→②総括質疑→③一般質疑→④公聴会→⑤分科会（参議院においては常任委員会への委嘱審査）を経て→⑥締めくくり総括質疑→⑦討論・議決の運びとなる（衆議院委員会先例集131号，132号，参議院委員会先例録65号）。予算については国会の権能の部分ですでにふれたので，本節では衆議院予算委員会の審査のプロセスを簡単に述べることにする。

（1）　提案理由の説明

　予算委員会では，まず最初に政府より総予算について，提案理由の説明がなされる。財務大臣が総予算の概要について説明し，次いで政府委員である財務省の主計局長より財政の規模等について，主税局長より租税および印紙収入等について，理財局長より財政投融資計画および財政資金対民間収支見込みについて，また経済産業省の調整局長より来年度の経済見通しと経済運営の基本的態度について，各々補足説明がなされる。

（2）　総括質疑

　総括質疑とは，予算委員会の各委員が国政全般にわたり総括的な問題について内閣総理大臣以下全大臣出席のもとに，内閣の統一的見解をただすことをいい，これに対して政府側から答弁がなされる。通常，1週間前後の期間がこの総括質疑にあてられる。総括質疑において最初に質疑する議員は，各会派を代表する議員が行い，質疑の仕方は一問一答の形式で行われる。

（3） 一般質疑

総括質疑が終わると，次に一般質疑の段階に入る。一般質疑は，主として各省担当事項について，所管大臣の見解をただすもので，一般質疑の期間中は，内閣総理大臣は出席せず，質疑者が要求する大臣のみが出席する。予算委員会での各委員会の質疑は，総括質疑の場合も，また一般質疑の場合も，総予算に盛られたあらゆる事項について行う。

（4） 公聴会

一般質疑の間，通常2日間の公聴会が開かれる。すでに述べたように。国会法第51条第2項では，総予算および重要な歳入法案については，公聴会を開かねばならないと規定している。公聴会とは，既述のように委員会の審査の参考にするために，利害関係をもってる人，または学識経験者等を公述人として招いて意見を聞く会議である。

公聴会の日取りが決まると，それは官報に公示され，NHKのテレビやラジオを通じて放送される。公述人については，一般の人々からの応募を求め，各会派からの推薦者とともに，選定を行う。

（5） 分科会

総予算の審査は，一般質疑に終わると，分科会の審査に入る。分科会においては，その担当事項について，各省各庁別にそれぞれ所管の国務大臣または政府参考人等から細目にわたる説明を聞き質疑を行う。予算委員会は一般に，8分科会に分けられる。各分科会には主査を置き，主査を中心として審査が行われる。分科会の審査が終わったときは主査からその旨の報告書が委員長に提出され，質疑応答の概要を口頭で委員会に報告する。

なお，参考までに，8分科会に分けたときの各分科会の所管を示すと，次のようになっている。

第1分科会－皇室費，国会，裁判所，会計検査院，内閣，内閣府，防衛省所管および他の分科会の所管以外の事項。

第2分科会－総務省所管。
第3分科会－法務省，外務省，財務省所管。
第4分科会－文部科学省所管。
第5分科会－厚生労働省所管。
第6分科会－農林水産省，環境省所管。
第7分科会－経済産業省所管。
第8分科会－国土交通省所管。

(6) しめくくり総括質疑

各分科会の主査報告が終わると，予算委員会は，再び内閣総理大臣の全大臣が出席して，しめくくり総括質疑を行う。これは，通常1日または2日間行われ，最初の質問で保留されていた問題や新たに登場した問題について質疑・答弁が行われる。

(7) 討論・採決

討論は通常，反対・賛成に関係なく大会派の順に行われ，最後に採決へと入る。採決は，委員長が賛成者の起立を求める方法で行われる。

なお，総予算の審査の過程で予算の編成替えの動議を提出することが常態化しているが，これは法律案の場合の修正案にあたるもので，政府に対して総予算を撤回の上，再編成して再提出せよということである。

こうして，委員会で総予算が可決されると，通常その日の本会議に緊急上程され本会議で採決して参議院に送られる。そして，衆議院とほぼ似たような順序で参議院予算委員会で審議が行われる。

── 〈コラム⑦　日切れ法案〉──────────────

　これは，一般に年度内（3月31日）までに成立しないと，国民生活に大きな影響を与えかねない法律案の総称である。このような法律案には，年度の終了とともに失効し廃止となる時限立法や法律案の成立まで政策執行が遅れる改正案などがある。

── 〈コラム⑧　立法事務費〉──────────────

　これは会派手当ともいい，国会議員の立法に必要な調査・研究の経費の一部として，各会派に直接支払われる。1953年に政界浄化の一貫として設けられた。各会派所属議員数に応じて，一人当たり毎月65万円支払われる。なお，会派とは，政党のことであり，国会では政党のことを「会派」と称している。

第4章　おわりに

1　第142通常国会

　今から10年前の第142通常国会は1998年6月18日，衆参両院の本会議で閉会中審査の手続きなど会期末処理を行い閉幕した。同日の参院本会議では，証人喚問中のテレビ中継や写真撮影を認めることなどを柱とする議員証言法改正案の一部修正案が可決され衆院に送付し，衆院で継続審議となった。

　この国会は1月12日に召集され，深刻な景気低迷を克服するために景気対策や経済運営が最大の焦点となった。政府・自民党は平成9年度補正予算，平成10年度予算，暫定予算，平成10年度補正予算の四つの予算案を処理し，また，金融システム安定化のための金融関連法，改正財政構造改革法のほか，橋本政権が最重要課題と位置づけた中央省庁改革基本法などを成立させた。

　ただ，政府・自民党がこれらの重要法案の成立を最優先したことから，政府が提出した法案など117件のうち成立したのは97件で，法案成立率は82.9%であった。通常国会の法案成立率としては，事実上の冒頭解散だった第117国会を除き，1988年（昭和63年）12月に召集された第114国会（76.9%）以来の低さとなった。第142通常国会で成立した主な法案は，次の通りである。

　　〈政府提出法案〉……改正預金保険法，金融機能安定化法，改正財政構造改革法，減税関連三法，金融システム改正法，中央省庁改革基本法，改正国連平和維持活動（PKO）

　　〈議員提出法案〉……オウム破産手続法，スポーツ振興投票（サッカーくじ）三法，被災者生活再建法

　第142通常国会は6月18日，衆院本会議で政府提出法案20件，議員提出法案33件の計53件を次期国会に継続して審議することを決めた。

なお，継続となった政府提出法案は，新しい日米防衛協力のための指針（ガイドライン）を具体化させるための周辺事態法案，裁量労働制の対象をホワイトカラーに大幅に拡大する労働基準法改正案，28兆円にのぼる旧国鉄債務処理に関する法案，組織犯罪対策 3 法案，情報公開法案，などである。

また，議員立法では，国家公務員倫理法案，政治家の株取引の公開などを盛り込んだ政治改革関連法案，児童売春規制法案，定期借家権の導入を盛り込んだ借地借家法改正案，祝日の一部を月曜日に移して 3 連休化を図る祝日改正案，などが継続となった。

2　第169通常国会

ところで，2008年 1 月18日に召集されていた第169通常国会は，6 月21日に閉会した。この通常国会において，政府が提出した法案80件のうちで成立したのが63件であり成立率は78.8％に留まり，昨年の通常国会の91.8％を大きく下回った。この数字は，今からちょうど20年前，リクルート事件などで揺れていた1988年12月に召集されていた通常国会のとき同様に70％台と低いものであった。

第169国会提出の主な法案の結果は次の通りである。

成立—歳入関連法，道路整備特別措置法，改正公害健康被害補償法，改正地域再生法，改正構造改革特別区域法，改正地球温暖化対策推進法，国家公務員制度改革基本法，宇宙基本法※，生物多様性基本法※，改正石綿健康被害救済法※など計80本。

継続審議—独立行政法人通則法改正案，国民年金法改正案，政府官掌健康保険国庫補助額特例措置法案，後期高齢者医療制度廃止法案※など27本。

廃案—児童福祉法改正案，防衛省設置法改正案など計25本。

※は議員立法

（出所）『産経新聞』2008年 6 月21日，5 面。

第4章　おわりに

データでみる第169通常国会

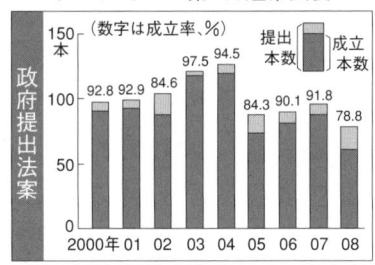

政府提出法案（数字は成立率、％）

年	成立率(%)
2000年	92.8
01	92.9
02	84.6
03	97.5
04	94.5
05	84.3
06	90.1
07	91.8
08	78.8

議員立法
- 提出は59本（衆院32，参院27）で，うち成立は17本
- 成立した17本の合計審議時間は約15時間
- 07年は68本（衆54，参14）で，うち成立は22本

条約
- 16本を承認（前国会からの継続審議3本を含む）
- うち9本は衆院の優越に基づく31年ぶりの自然承認（6本は参院未審議）

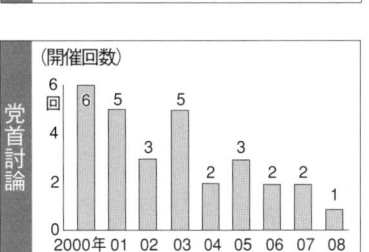

党首討論（開催回数）

年	回数
2000年	6
01	5
02	3
03	5
04	2
05	3
06	2
07	2
08	1

（出所）『日本経済新聞』(2008年6月21日)，3面。

〈コラム⑨　内閣不信任決議案〉

　野党は，内閣，閣僚，正副議長，常任委員会委員長に対して，不信任決議案を提出できる。例えば，内閣不信任決議案が可決された場合には，内閣は憲法69条に従い，10日以内に衆議院を解散しない限り，総辞職しなければならない。解散または総辞職のいずれを選択するのかは，首相の専権事項である。

〈コラム⑩　問責決議案〉

　これは，内閣の政治責任を問う目的で，参議院において提出される決議案であり，衆議院での内閣不信任決議案に合わせて，提出される場合が多い。内閣不信任案の場合と異なり，問責決議案の場合には，たとえ可決されたとしても，政治的効果はあるものの，法的拘束力はない。

第 2 部　日本の地方議会

はじめに

東京都議会議事堂

　地方議会とは，住民の意思を反映する地方公共団体の合議体であり，地方公共団体の意思決定に参加する権限を持っている。地方議会は，住民が公選する首長と対抗関係にあり，自ら住民の政治的意思を代表する議決機関である一方，執行機関が行う行政を監視する行政監視機関でもある。日本国憲法第93条においては，一般に地方公共団体には，その住民が直接選出した議員で組織する議会を置くことが要求されている。

　地方議会が国会と異なる主な点は，後述するように第1に，首長と議会との関係が「議院内閣制」をとらず，いわゆる「大統領制」をとっていること，そして第2に，直接請求制度によって，住民が議会の解散および議員の解職を請求できること，等である。

　以下，日本の地方議会の特色について論じる。

　わが国では，戦後の1946年の第一次地方制度改正において，知事，市町村長は住民が直接選挙することになった。これにより，大統領制（二元代表制，首長制）が導入されることになった。この二元代表制は，日常行政を行う上で，優位になりがちな首長を住民の直接選挙に委ねて，議会と首長を並列的に配置し，立法と行政を相互に抑制・均衡をさせることを狙う制度に他ならない。

　このように，立法機関と行政機関を対立関係に置く機関対立型の制度は，民主的な制度であるといわれた。しかし，実際には，わが国の二元代表制は，多くの制度的問題，行政的問題および財政的問題を抱え，本来の民主的な特徴を十分に発揮してきたとはいえない。そこで，政府は2000年4月から地方分権一括法を施行させ，従来の中央主権型行政制度を地方分権型行政制度に改めるなど，地方（議会）の活性化に努めている。

第1章　国会と地方議会の相違

　国会と地方議会はともに，国民から選挙された議員で構成され，法律・条令制定権を有する等，議会制度の機能という面では多くの共通点を持っている。しかし，他方では，国会と地方議会の間には，基本的機構やその位置づけという面でかなりの相違点がある。
　国会と地方議会には，主として次のような違いが存在する。すなわち，
　①地方議会は，国会のような国権の最高機関ではなく，一地方公共団体の意思の決定機関に過ぎない。
　②国会議員は，国務大臣となり行政府の長となるが，地方公共団体の首長と議員は両者が分離しており，相互に牽制・抑制しながら行政の運営にあたっている。
　③地方議会では国会の場合と異なり，議事に際して議員定数の半数以上が出席し，その過半数によって議決する(注)。
　④国会の常任委員会は，法律上必要とされるものである。地方議会では常任委員会の設置は任意によるものであって，必要な場合は条例で設置する。
　⑤国会では，内閣総理大臣やその他の国務大臣はいつでも衆参両院に出席できる。一方地方議会では，議長からの出席の要求がなければ，首長や執行機関の職員は議会に出席することができない。
　⑥地方議会の議員は，国会議員のように，議場内における言論・表決について免責特権を認められておらず，また議会開会中の警察官による不逮捕特権も認められていない。
　⑦地方議会の場合，議決した予算・条例に首長が不服のときは，議会に対して再度審議を求めることができる。これは国会には存在しない制度である。
　⑧国の場合，内閣の行政権の行使についての責任は，国会に対して連帯責任

を負うかたちをとっている。しかし，地方議会と首長との関係では，首長の議会も共に住民に対して責任を負う。

⑨地方議会については，住民による統制の手段として，直接請求権が認められている。一方国会の場合には，これに対応する制度は存在しない。

　（注）　国会では，総議員の三分の一で議事を開き，特別の場合を除いて出席議員の過半数で議決する。

第2章　地方議会の組織

1　地方議会の設置

　憲法第93条第1項には,「地方公共団体には, 法律の定めるところにより, その議事機関として議会を設置する」と規定されており, これを受けて, 地方自治法第89条では,「普通地方公共団体に議会を置く」と定めている。

2　議員

（1）　議員定数

　議員定数は, 地方公共団体の人口規模ごとにその最高限度数が地方自治法第90条および第91条で定められている。ただし, 議員の定数は, 条例で特にこれを減少することができる（地方自治法90条2項, 91条2項）。

（2）　議員の選挙

　議員の被選挙権は, ①当該地方公共団体の議員の選挙権を有すること, ②年齢が満25年以上であること（公職選挙法10条1項の3, 4, 5号）で, しかも, ③公職選挙法第11条に規定する欠格事由に該当しないことが, 要件とされている。

　選挙区は, 都道府県の議会の選挙については, 原則として郡, 市, 特別区および指定都市の区域によることになっている。また, 市町村の議会の議員の選挙については, 原則として選挙区を設けないが, 特に必要のあるときは, 条例で選挙区を設けることができる。ただし, 指定都市においては, 区を市とみなし区をもって選挙区としている（公職選挙法15条, 266条, 269条）。

（3） 兼職・兼業の禁止

都道府県または市町村の議会の議員は，衆議院議員，参議院議員，地方公共団体の議会の議員および常勤の職員を兼ねることができない（地方自治法92条）。都道府県または市町村の議会の議員は，当該地方公共団体と請負(注)関係になることを禁じられている（地方自治法92条2項）。

> （注）ここでいう請負とは，民法上の請負のみならず，広く営業とみなされている経済的・営利的取引であって，一定期間にわたる継続的な取引関係に立つものも含む。

（4） 議員の任期

地方公共団体の議会の議員の任期は，4年である。補欠議員は，前任者の残任期間在任する。なお，議員の任期は，選挙の日から起算する（地方自治法93条，公職選挙法258条，260条）。

（5） 議員の辞職と資格の決定

議員は次の事由に該当するときその身分を失う。①任期の満了（地方自治法93条），②選挙の無効または当選無効の確定（地方自治法128条），③被選挙権の喪失（地方自治法127条），④兼職・兼業禁止職への就職（地方自治法92条，92条の2），⑤辞職（地方自治法126条），⑥議会による除名（地方自治法135条），⑦住民による議員の解職請求または議会の解散請求の成立（地方自治法80条，83条，76条，78条），⑧首長による議会の解散または議会の自主解散（地方自治法176条，解散特例法）。

（6） 議員の権利と義務

議員の権利として，次の点が挙げられる。すなわち，①議会の招集請求（地方自治法101条），②開議の請求（地方自治法114条），③議案の提出と修正（地方自治法112条），④議案審査と議決（地方自治法116条），⑤請願の紹介（地方自治法124条），⑥検閲・検査（地方自治法98条），⑦地方自治法第100条の調査，⑧報酬および費用弁償（地方自治法203条）。

一方,議員の義務としては,①応招し会議に出席すること,②常任委員会への就任(地方自治法109条2項),③懲罰に服する(地方自治法135条)こと,等が挙げられる。

3　議長および副議長

都道府県および市町村の議会は,議員の中から議長および副議長一人を選挙しなければならない。議長および副議長の任期は,議員の任期による(地方自治法103条)。議長は,議場の秩序を保持し,議事を整理し,議会の事務を総括し,議会を代表する権限を有する(地方自治法104条)。

議長および副議長について不信任決議により辞職させる制度は存在しないので,たとえ不信任が議決されても,それは政治上の効果は別として法律上の効力を有しない。議長および副議長は,議会の許可を得て辞職することができる。なお,副議長は,議会に閉会中において,議長の許可を得て辞職することができる(地方自治法108条)。

4　議会事務局・議会図書館

都道府県の議会には,事務局を置かねばならない。市町村の議会には,条例で事務局を置くことができる。事務局には,事務局長,書記,その他の職員を置き,事務局を置かない市町村に議会には,書記長,書記,その他の職員を置くが,町村においては書記を置かないこともできる。事務局長,書記,その他の職員は,議長がこれを任免する(地方自治法138条)。

議会は,議員の調査研究に資するため,図書室を附置し,政府および都道府県から送付を受けた官報,広報および刊行物を保管しなければならない。図書室は,一般の住民にこれを利用させることができる(地方自治法100条15項,16項,17項,18項)。

第3章　地方議会の権能

1　議決権

　議決権は議会の権限の中心である。しかし，地方公共団体の意思を決定する権限がすべて委ねられているわけではない。議決権は，地方公共団体の意思決定の基本的なものに限定されており，議決事項は制限列挙主義をとっている。

　一般に，地方公共団体の議会は，次の事件[注]を議決する。

　①条例の新設または改廃，②予算，③決算認定，④地方税の賦課徴収または分担金，使用量，手数料，⑤工事等の請負契約，⑥財産の交換，出資の目的等，⑦重要な財産の取得または処分，⑧負担附きの寄付または贈与，⑨権利放棄，⑩重要な公の施設の廃止または長期的でかつ独占的利用，⑪審査請求等，⑫損害賠償額，⑬区域内の公共的団体等の活動調査，⑭法令に基づく議会の権限（地方自治法96条1項）。

　なお，上に定めたものを除いて，地方公共団体は，条例で地方自治団体に関する事項について議決すべきものを定めることができる（地方自治法96条2項）。

　　（注）　ここでいう事件とは，問題となった事項，事実または関係を意味する用語である。

2　決定権

　議会の決定には，議会において行う選挙の投票の決定と，議員の資格の有無を定める決定とがある（地方自治法118条1項，127条1項）。

3　選挙権

　地方公共団体の議会は，法律またはこれに基づく政令により，その権限に属

する選挙を行わなければならない（地方自治法97条1項）。その例としては，議長および副議長の選挙（地方自治法103条1項），仮議長の選挙（地方自治法106条2項），選挙管理委員会および補充員の選挙（地方自治法182条），選挙管理委員会の臨時補充員の補欠選挙（地方自治法施行令135条，136条）がある。

なお，法律またはこれに基づく政令による選挙以外にも，議会の会議規則による議会内部の役員選挙，委員会条例による常任委員長の選挙等がある。ただし，これらの選挙については，地方自治法第118条の規定（議会における選挙，投票，指名推薦）の適用を受けない。

4　同意権

地方公共団体の首長がその権限に属する事務を執行するにあたり，その前提として，議会の同意を必要とするものがある。議会の同意の対象とされる事項は，副知事，助役，出納長，収入役，監査委員，教育委員会委員，人事委員会員，公安委員会委員等の選出（任命）等の主要人事の他に，首長の決定期日前の退職，職員の賠償責任の免除等がある（地方自治法162条，196条1項，145条，243条2の4項）。

5　監視権および調査権

議会の中心となる権限は，いうまでもなく議決権である。議決権の行使を完全なものにするために，議会には監視権と調査権が与えられている。

地方自治法で，監視権として掲げられているものは，検査権，監査請求権，説明要求権および意見陳述権である（地方自治法98条，99条）。

また，議会がその職責を十分に果たすことができるために，地方公共団体の事務に関して広く調査権が認められており，これを「100条調査権」と呼んでいる。対象とするものは，地方公共団体の事務に関するもので，広範囲にわたっている。

調査権者は議会そのものにあり，議員個人には認められない。また，常任委員会や特別委員会も議会から議決による委任がない限り，調査権を行使するこ

とができない（地方自治法100条）。

6　意見提出権

議会は，当該地方公共団体の公益に関する事件について意見書を関係行政庁に提出することができる（地方自治法99条）。意見書は議会が提出するものであり，個人や委員会が提出すべきものでない。その提出については，機関の意思決定が必要とされる。意見書の発案権は議員に専属し，議決を経た意見書の送付は，議会がこれを代表して行なう（地方自治法104条）。

7　請願および陳情受理権

議会に請願をしようとする者は，議員の紹介により請願書を提出しなければならない（地方自治法124条）。請願が提出されたときは，議会は採択するかどうかを判断し，採択した請願のうち首長あるいは委員会等の執行機関で措置することが適当と認めるものは，これを送付し，その請願の経過および結果の報告を請求することができる（地方自治法125条）。

8　規則制定権

議会は，議会の運営について地方自治法に規定されたもの以外に，会議規則を定める権限を持ち，また，傍聴人の取り締まりに関し必要な規則を設ける権限を有する（地方自治法120条，130条3項）。

第4章　地方議会の運営

　議会の活動とは，議会の権限を行使する手続き上の方法である。議会は，招集・開会により活動を開始し，会期中その能力を存続する。

1　招集・会期

　議会が活動を開始する前提として，議員を一定の日時に一定の場所に参集することを要求するが，これを議会の招集という。

　議会を招集する権限を持つのは，地方公共団体の首長である（地方自治法101条）。招集は，開会の日前，都道府県および市にあっては7日，町村にあっては3日までに告示しなければならない。ただし，緊急を要する場合は，この限りでない（地方自治法101条2項）。

　議会には，定例会および臨時会がある。定例会は，毎年，四回以内で条例に

都道府県議会の議員提出の議案と条例の件数

年＼件数	議案				条例				1議会当たりの条例件数
	総件数	知事提出	議員提出	議員提出／総件数(％)	総件数	知事提出	議員提出	議員提出／総件数(％)	
平成11	9,767	8,525	1,242	12.7	2,825	2,755	70	3	1.5
	100	87	13		100	98	2		
平成12	10,981	9,867	1,114	10.1	4,355	4,281	74	2	1.6
	100	90	10		100	98	2		
平成13	9,941	8,611	1,330	13.4	3,105	2,952	153	5	3.3
	100	87	13		100	95	5		
平成14	10,147	8,631	1,516	15.0	3,447	3,268	179	5.2	3.8
	100	85	15		100	95	5		

注：県議長会調べより作成。
(出所)　加藤幸雄『新しい地方議会』(学陽書房，2005年) 163頁。

おいて定めた回数を招集しなければならない。臨時会は，必要がある場合に，その事件に限りこれを招集する（地方自治法102条1項，2項，3項）。招集は首長の判断による場合と議員の請求に基づく場合とがある。議員の請求は付帯事件を示していなければならない（地方自治法101条1項）。

議員が招集に応じて参集することを応招といい，議会は議員の定数の半数以上に達しなければ会議を開くことができないので，招集日に定数の半分以上の議員が在任することが必要である（地方自治法113条）。招集後の議会は，自主的に活動し運営され，会期およびその延長並びにその開閉に関する事項は，議会がこれを定める（地方自治法102条6項）。

2 会議

会議には，本会議と委員会とがある。議会の会議の進行順序は，おおよそ次のようになっている。すなわち，①開議，②議題の宣告，③議案の朗読，④趣旨説明，⑤質疑応答，⑥委員会付託，⑦委員会審議，⑧委員長報告，⑨質疑応答，⑩討論・表決，⑪表決結果の宣告，⑫閉議。もちろん，これらの中には省略されるものもあるし，また後述するように，関係議員の除斥等が加わった場合や，動議や修正案が提出された場合には，順序は変更される。

（1）開議

開議とは，議会のその日の会議を開くことをいう。会議は，定数の半数以上の議員が出席しなければ開催できない。例外として，主要職員の解職請求の議決，議員の除名議決等における特別多数の出席を必要とする場合がある。また，関係議員の除斥のため半数に達しない場合，同一事件につき再度招集しても半数に達していない場合，さらに，招集に応じても出席議員が定数を欠き，議長が出席を催促しても半数に達しない場合のように，半数以下でも開議できる場合もある（地方自治法113条）。

なお，定数の半数以上の議員から請求があるときは，議長はその日の会議を開かねばならない。これを，開議請求という（地方自治法114条1項）。

（2） 議案の提出

議案の提出権は，議員と首長の両方に認められている。例外として，議員のみに提出権が認められているものに，委員会条例，会議規則，議員の資格の決定等がある。一方，首長のみに提出権が認められているものに，予算案および副知事等の主要職員の同意を求める人事案件等がある（地方自治法112条）。

なお，議員が議案を提出する場合には，定数の十二分の一以上の議員の賛成が必要とされている（地方自治法112条）。

（3） 議決

議会の議事は，出席議員の過半数でこれを決し，可否同数のときは，議長の決するところによる。その場合，議長は議員として議決に加わる権利を有しない（地方自治法116条）。なお，特別の事件については，特別多数議決(注)または同意が要求される。

(注) 合議体の意思決定は，通常過半数議決により行われる。特別の場合には，

市議会の議員提出の議案・条例の状況

年	内訳 件数	議案 総件数	議案 市長提出	議案 議員提出	条例 総条例件数	条例 市長提出	条例 議員提出	議員提出条例／議員提出の議案(％)	1議会当たりの条例件数
平成11	件数	81,895	71,137	10,758	21,974	21,009	965	9	1.4
	構成比(％)	100	87	13	100	96	4		
平成12	件数	90,954	81,812	9,142	32,382	31,337	1,045	11	1.6
	構成比(％)	100	90	10	100	97	3		
平成13	件数	84,833	74,810	10,073	23,884	22,864	1,020	10	1.5
	構成比(％)	100	88	12	100	96	4		
平成14	件数	90,495	77,245	13,250	27,883	26,177	1,706	13	2.4
	構成比(％)	100	85	15	100	94	6		

注：「市議会の活動に関する実態調査結果」より作成。
(出所) 加藤幸雄『新しい地方議会』（学陽書房，2005年）164頁。

一定の過半数以上の多数決（例えば，三分の二以上とか四分の三以上）を要求する場合がある。これを特別多数という。

①出席議員の三分の二以上の議決・同意を必要とするもの－事務所の設置または変更（地方自治法4条3項），秘密会開会の議決（地方自治法115条1項），議員の資格決定（地方自治法127条1項），再議による議決等（地方自治法176条3項）。

②在職議員の三分の二以上が出席し，その四分の三以上の議員の議決・同意を必要とするもの－主要職員の解職の同意（地方自治法87条1項），議員の除名議決（地方自治法135条3項），首長の不信任議決（地方自治法178条3項）。

③在職議員の四分の三以上が出席し，その五分の四以上の議員の議決を必要とするもの－議会解散の議決（地方公共団体の議会の解散に関する特例法2条2項）。

3　会議の原則

（1）　会議公開の原則

議会の会議は，公開である。ただし，議長または議員の三分の二以上の多数で議決したときは，秘密会とすることができる（地方自治法115条1項）。なお，公開の原則は，委員会の会議には適用されない。

（2）　会期不継続の原則

会期中に議決に至らなかった事件は，後の会期に継続しない（地方自治法119条）。例外として，閉会中における継続審査事件として委員会に付託された事件は，次の定例会まで継続する（地方自治法109条5項，110条3項）。

（3）　一事不再議の原則

一事不再議とは，議会で議決された事件は，同一会期中には，再び提出することができないということである。この原則は，地方自治法に規定されているわけではない。しかし，標準議会会議規則[注]において明文でもって規定されて

おり，議会審議のルールとして重要である。
> （注）標準議会会議規則は，地方議会の会議運営の基準としてルールおよび手続きを定めたもので，都道府県および市町村議会の会議規則の多くがこれに依存している。

なお，その他法律上の原則ではないが，長年の議会運営の経験に基づき慣習として確立され，事実上の原則とされるものに，次のものがある。

（4） 現状維持の原則

現状打開と現状維持の両説が賛否相半ばするときは，現状を維持すべきものとされている。

（5） 一議事一議題の原則

会議においては，案件一つずつ議題として審査する。

1町村議会当たりの議員提出の議案・条例の状況

年	議決態様 件数	議案			条例			議員提出条例／議員提出の議案（％）
		総件数	町村長提出	議員提出	総条例件数	町村長提出	議員提出	
平成11	件数	96.8	84.2	12.6	22.2	21.5	0.7	6
	構成比（％）	100	87	13	100	97	3	
平成12	件数	108.3	97.9	10.4	36.3	35.0	1.3	13
	構成比（％）	100	90	10	100	96	4	
平成13	件数	95.8	84.8	11.0	22.6	22.0	0.6	5
	構成比（％）	100	89	11	100	97	3	
平成14	件数	102.9	89.3	13.6	28.1	26.8	1.3	10
	構成比（％）	100	87	13	100	95	5	

注：「町村議会実態調査結果の概要」より作成。
（出所） 加藤幸雄『新しい地方議会』（学陽書房，2005年）165頁。

（6） 議員平等の原則

議員はすべて平等であるという考え方である。

（7） 発言自由の原則

議員の言論の自由は最大限尊重されるべきであるという考え方である。

4　除斥

議員は，住民から選挙された代表者として地方公共団体の事務に関する事件の議事について，平等に参加することができるのを原則としている。ただし，議事の公正を保証するために，利害関係のある事件の審議に議長および議員が参加することを拒否する制度をとっている。すなわち，議会の議長および議員は，自己もしくは父母，祖父母，配偶者，子，孫もしくは兄弟姉妹の一身上に関する事件またはこれらの者の従事する業務に直接利害関係のある事件について，その議事に参加することができない（地方自治法117条）。

なお，一身上に関する事件とは，当該議員と個人的に，直接にかつ具体的な利害関係を有することを指している。

5　会議録

議長は，事務局長または書記長（書記長を置かない町村においては書記）に，会議録を作成させ，また，会議の次第および出席議員の氏名を記載させなければならない。会議録には，議長および議会で定めた二人以上の議員が署名をしなければならない。議長は，会議録の写しを添えて会議の結果を報告しなければならない（地方自治法123条）。

6　会議規則

議会は，地方自治法で規定されたものの他に，議会の運営に関して，会議規則をもうけなければならない（地方自治法120条）。なお，会議規則の規定事項については，標準議会規則が公表されている。

7　委員会

委員会は，議会と離れた独立の意思決定機関ではない。それは，予備審査的性質を持つものであり，専門化し技術的になっていく地方公共団体の事務を，合理的にかつ能率的に調査・審議するために設けられたものである。地方自治法で定める委員会は，常任委員会と特別委員会である。

（1）　常任委員会

議会は，条例で定められた数以内の常任委員会を置くことができる。議員は，それぞれ一個の常任委員になり，常任委員は会期の初めに議会で選任され，条例に特別の定めがある場合を除いて，議員の任期中存続する。

常任委員会は，その部門に属する当該地方公共団体の事務に関する調査を行い，議案，陳情等を審査する。また，任意に公聴会を開催し，意見を聞くことができる。常任委員会は，議会の議決により付議された特定の事件について，閉会中も審査することができる（地方自治法109条）。

（2）　特別委員会

議会は，条例で特別委員会を置くことができる。特別委員会は，議会で選任され，委員会に付議された事件が議会において審議されている間存続する。特別委員会は，会期中に限り議会の議決により付議された事件を審査する。公聴会は，常任委員会と同様に開催することができる。特別委員会は，議会の議決により付議された特定の事件について，閉会中でも審査できる（地方自治法110条）。

8　規律

規律とは，議会の内部における秩序の維持に関して依拠すべき定めである。

（1） 議場の秩序維持

議長は，議員が会議中に地方自治法または会議規則に違反し，その他議場を乱すときには，これを制止しまたは発言を取り消させ，その命令に従わないときには，その日の会議が終わるまで発言を禁止し，または議場の外に退去させることができる（地方自治法129条）。

議長は，傍聴人が公然と可否を表明し，または騒ぎ立てる等会議を妨害したときには，これを制止し，退場させ，必要のある場合には，警察官に引き渡すことができる。議長は，傍聴席が騒がしいときには，すべての傍聴人を退場させることができる（地方自治法130条）。

（2） 不当な言論の禁止

議員は，議会の会議または委員会において，無礼な言葉を使用し，または他人の私生活にわたる言論をしてはならない（地方自治法132条）。

（3） 侮辱に対する処置

議会の会議または委員会において，侮辱を受けた議員はこれを議会に訴えて処分を求めることができる（地方自治法13条）。

9　懲罰

議会は地方自治法並びに会議規則および委員会条例に違反した議員に対して，議決により懲罰を科することができる（地方自治法134条）。

懲罰の種類としては，①公開の議場における戒告，②公開の議場における陳謝，③一定の期間の出席停止，④除名，がある。除名の議決には，在職議員の三分の二以上の者が出席し，その四分の三以上の議員の同意が必要である（地方自治法135条）。

懲罰は一種の処分であるが，行政不服審査法上は，議会の議決によって行われる処分については不服申し立てをすることができない（行政不服審査法4条1項1号）。しかし，除名により違法に権利を侵害されたとする者は，地方自

治法第255条の3号の規定に基づき審決の申請をすることができる。ただし，この場合には，原則として審決の申請に対する決定を経た後でなければ除名処分の取り消しの訴えを提起することはできない（地方自治法256条）。

第5章　おわりに

　今日，地方議会は多くの問題点を抱えている。例えば，諸外国の地方議会では，議員活動はほとんどボランティアが中心であり，議会への出席にさいして日当と交通費が支給されるのみで運営されている。しかし，高い議員報酬や政務調査費[注]等で優遇されているわが国の地方議会は，行政の費用を押し上げ，過激な選挙運動や汚職の源泉となっている。

　一般に，首長の与党会派が多数派を占めている地方議会では，行政に対する監査が十分であるとはいえず，さらに，議長や副議長の任期は，議員の任期と同じになっている。だが，実際に1年で交代するのが慣例化しており，議長職はベテラン議員の箔付けという色彩が強い。また頻繁に行われている「議員視察」の実効性も疑問視されている。

　（注）　政務調査費とは，地方議会の議員が政策調査研究などの活動のために支給される費用で，その交付については，地方分権一括法の施行などにより，地方議会の活動を重視する観点から，地方自治法の改正（2000年）により，新たに導入されたものである。政務調査費の詳細は，各自治体の条例で定められ，議会の会派または議員に支給される。例えば，東京都議会の場合，月額60万円（年間720万円）支給されている。収支報告書の提出は，義務づけられているものの，詳細は決められておらず，事実上チェックが不可能のこともあって最近住民から用途について批判を浴びており，透明性が求められている。

―― 〈コラム① 一部事務組合〉 ――

　これは，地方公共団体や特別区が，行政サービスの一部を共同で行うことを目的として設置する組織であり，公益上必要がある場合，都道府県知事は設置を勧告することができる。

―― 〈コラム② 終身議員待遇〉 ――

　市町村や特別区で複数回当選した議員に対して，落選または引退により議員の身分を失った場合に，一定の条件のもとで議員待遇者の資格を与えている。

―― 〈コラム③ 本会議〉 ――

　議会のすべての議員によって構成される会議を「本会議」といい，議会では一般に「会議」というと，本会議のことを指している。本会議は議案等を審議し，最終的な意思を決定する重要な会議である。

―― 〈コラム④ 議会の解散〉 ――

　住民からの直接請求（リコール）によって議会の解散を求めることができる。議員の四分の三以上が出席し，その五分の四以上の賛成で議会は自主解散する。また，首長に対する不信任が可決された場合，10日以内に首長は議会を解散できる。

―― 〈コラム⑤ 除斥〉 ――

　これは，議事の公正の確保のために設けられた制度で，議長および議員は，自己または父母，祖父母，配偶者，子，孫もしくは兄弟姉妹の一身上に関する事件または業務について利害関係があるとき，一般にその議事に参加できない。

第3部　欧米主要国の議会制度と議会情報の発信

第1章　米国

アメリカ連邦議会議事堂
連邦議会の議事堂はキャピトル・ヒルと呼ばれるワシントン・コロンビア特別区の小高い丘に聳えるように立っている。この建物は，もともと1792年にアメリカの建築家ウィリアム・ソーントンが設計し，翌1793年から建設が着工されたものである。

1　はじめに

　アメリカ合衆国（以下，米国と略す）では，連邦憲法に規定されている，大統領制，連邦制および権力分立制が政治制度の特色としてあげられる。このほかに，1803年のマーベリー対マディソン事件の判決によって確立された違憲立法審査制も，政治制度の特色としてあげられよう。

　周知のように，有権者が実質的に大統領を選出する米国では，厳格な三権分立制度が確立されている。この点が，議院内閣制をとる日本と最も異なる点である。

　米国における大統領制とは，国民によって選挙された大統領を元首とする統治形態のことであり，大統領は行政府の最高責任者であると同時に，陸・海・空3軍の司令官でもある。

　ところで，1996年11月の大統領選では，現職のビル・クリントン（民主党）大統領は，連邦上院議員で院内総務のボブ・ドール（共和党）を圧倒的な票差で退け再選を果した。

　クリントンが勝利した背景として，まず何よりも好調な経済＝景気が追い風となったことと，共和党の支配する連邦会議が促進した"保守改革"に対する，有権者の警戒感が挙げられる。

　しかしながら他方で，大統領選挙と同時に行われた連邦議員選挙では，これまで通り共和党が上下両院ともに多数派を占めた。有権者は，行政府は民主党

米国議会指導部の概要

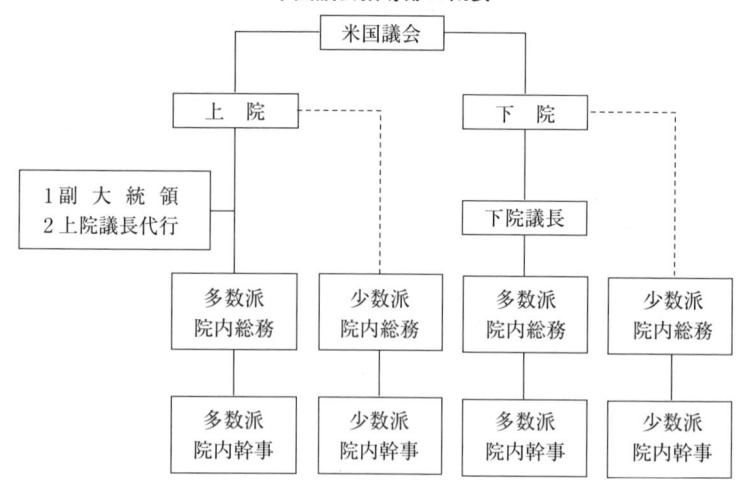

```
              米国議会
         ┌──────┴──────┐
        上院           下院
    ┌────┤            ├────┐
1 副大統領              下院議長
2 上院議長代行
    ├────┬────┐    ┌────┬────┤
  多数派 少数派    多数派 少数派
  院内総務 院内総務  院内総務 院内総務
    │    │        │    │
  多数派 少数派    多数派 少数派
  院内幹事 院内幹事  院内幹事 院内幹事
```

（出所）ウォルター・J・オレセック，青木榮一訳『米国議会の実際知識』（日本経済新聞社，1982年），33頁。

に，立法府は共和党に，という巧みな「抑制と均衡」の感覚を示し，いわゆる"分割統治"の時代が継続されることとなった。

2000年の大統領選挙でようやく勝利したジョージ・ブッシュ Jr. は，2001年9月11日に発生した「同時多発テロ」以降，国民を統合し，03年3月には，ついにイラクへの戦争に踏み切り，その勢いを借りて04年の大統領選挙で再選された。しかし，その後，テロリスト集団の行方は知れず，また大量破壊兵器も見つからず，米軍が駐留するイラクの民主化の行方は，混沌としている。

こうした状況の中で，ブッシュ大統領は08年1月28日，連邦議会の上下両院合同会議で一般教書演説を行い，信用力の低い人向けの住宅ローン（サブプライムローン）問題に端を発する景気後退懸念が出ている米経済の現状について，「短期的には成長が減速している」との認識を表明した。また，減税による総額1500億ドル規模の緊急経済対策法案の早期可決を連邦議会に要請し，リセッション（景気後退）阻止に強い決意を示した。その上で，地球温暖化対策として，中国やインドなどの風力等，クリーン・エネルギーの利用を促進する目的で20億ドル規模の国際基金創設を提唱するとともに，13年以降の規定がない京

上院と下院の主要な相違

上　　院	下　　院
100名の議員から構成される小さな団体	435名の議員から構成される大きな団体
議員の任期（6年）が長い	議員の任期（2年）が短かい
選挙区が大きく多様な選挙民，重要な利益を擁す	全州一区の選挙区もあるが，選挙区は小さく議員がカバーする範囲が限られる
継続性がある（2年毎に1/3の議員が改選）	継続性がない（2年毎に全議員が改選）
権力が比較的平等に配分されている	権力が上院ほど平等に配分されていない
階層的に組織化されていない	階層的に組織化されている
形式に捕われない	上院より形式的である
議院規則が柔軟である	議院規則は上院より厳格である
本会議における審議が迅速でない	本会議における審議が迅速である
政策に対する専門化が進んでいない（ゼネラリスト志向が強い）	政策に対する専門化が進んでいる（スペシャリスト志向が強い）
スタッフ（専門員，調査員，秘書）への依存度が高い	スタッフへの依存度が低い
議員の威信が高く，マスコミの取材対象によくなる	議員の威信は上院議員に比べて低く，マスコミの取材対象に余りならない

(出所)『世界の議会2　アメリカ合衆国』（ぎょうせい，1984年），84頁。

都議定書の後継となる国際的枠組みづくりにも積極的に関与する姿勢を示した。09年1月で2期8年の任期を終えるブッシュ大統領にとって，今回の一般教書演説が最後のものである。しかし，外交・安全保障面でも大胆な新機軸は打ち出せず，任期中，イラク戦争に明け暮れた政権の手詰まりが際立っただけであった。

2　米国の連邦議会

(1)　三権分立制と連邦議会

すでに述べたように，米国の政治制度は，立法，行政，司法の三権の厳格な分立と相互のチェック・アンド・バランスにあるといわれる。

一般に三権分立について，司法権の独立は日本でも比較的確立されているといえるが，米国では，立法と行政の権限もはっきりと分離されている。

すなわち，連邦議員は大統領や各省庁の長官（大臣）を兼務することができないし，他方，大統領，長官以下の行政府職員は，連邦議会に出席し審議に参加することができない。証人として出席を求められた場合は別として，日本の

ように，行政府の長官が議会で答弁するなどということはありえない。

また，法律案の提出はすべて議員立法の形をとっており，大統領や長官には法律案の提出権はない。大統領は，三大教書を連邦議会に送付して立法を促す法律制定の勧告を持つだけである。

（2） 組織と運営
①構成
連邦議会は，上院（Senate）および下院（House of Representatives）の2院により構成されている。

・議員定数および任期

上院は，定数100人（各州2人）で任期は6年（2年ごとに3分の1ずつ改選）である。また，選挙権年齢は18歳，被選挙権年齢は30歳である。

下院は，定数435人（各州の人口に比例して配分）で任期は2年である。また，選挙権年齢は上院と同じく18歳で，被選挙権年齢は25歳である。

2008年1月現在の党派別議席数は次の通りである。

政党	下院	上院
民主党	232	49
共和党	201	49
無所属	ー	2（民主党系）
（欠員）	2	ー
合計	435	100

・両院の権限の差異

両院の権限は平等であるものの，若干の相違がある。すなわち，連邦官吏任命の承認権，条約の批准・承認権および弾劾審判権は，上院に専属する。一方，下院は歳入・歳出法案の先議権および弾劾訴追権を有する。

②会期
下院議員の任期2年をもって1議会期とし，各議会期は西暦奇数年の第1会期と偶数年の第2会期に分かれる。2007〜2008年は第110議会である。

③議長・仮議長・院内総務

　上院の議長は憲法の規定により，副大統領が上院議長となる（ただし，上院議員の資格がないため討論，表決には加わらず，可否同数の場合の決裁権のみ有する）。仮議長は，副大統領が議会に出席できないとき議長を務める。なお，議長，仮議長には政治的な指導力はなく，実際には多数党の院内総務が議事運営の主導権を握っている。下院の議長は，議会期の初めに選挙によって選任される。議長は党籍を離脱せず，多数党の指導者としてその党の方針に従って議事を運営し，表決権を行使することもある。

　いったん議長に選出された者は，死亡または引退までその職にとどまるのが通例である。なお，議長に故障のあるときはその都度，仮議長を選ぶ。

④本会議

　本会議の定足数は，上下両院とも，総議員の過半数である。

　投票は，上院では，通常発声投票，点呼投票の2種が用いられている。下院では記録の残らない投票方法としては，発声投票，起立表決（分列表決），および集計人投票がある。記録の残る投票としては，通常の記録投票（記録集計人投票）や，点呼投票，口頭賛否投票がある。1973年に電子式投票装置が導入されて以来，記録に残る投票は，原則として電子式投票装置によっている。しかし，議長の判断で口頭賛否投票を行うこともできる。

⑤委員会

　委員会には，全院委員会（下院のみ），常任委員会，特別委員会および合同委員会の4種がある。

　全院委員会は，全議員が委員となる。ただし定足数が100人とされるなど，本会議より議事手続が簡略である。特に，歳入・歳出法案の審議において頻繁に利用される。

　特別委員会は，特定の問題に関する調査のために設置される委員会であって，法案の審査は行わない。

　合同委員会は，上下両院からの同数の議員によって構成され，特定の問題に関する審査を目的とする。

連邦議会における立法経路

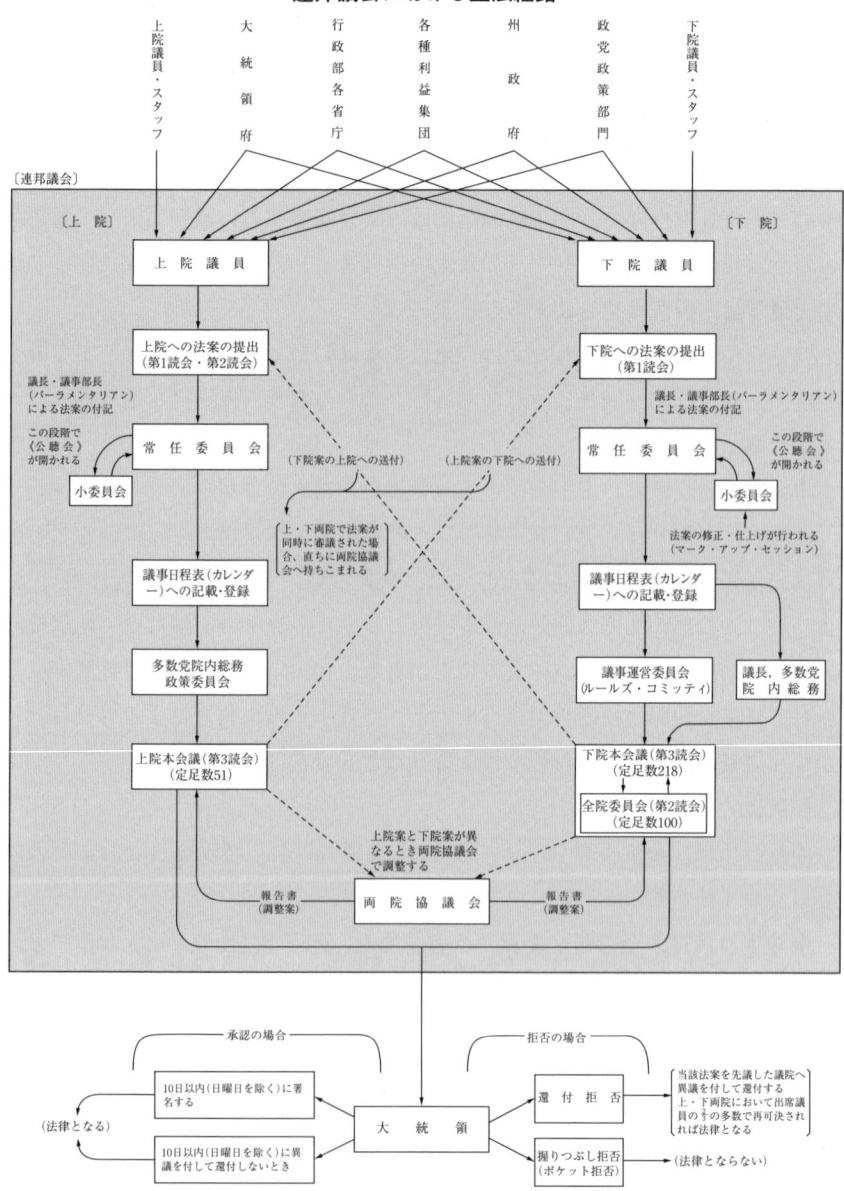

〔連邦議会〕

上院議員・スタッフ / 大統領府 / 行政部各省庁 / 各種利益集団 / 州政府 / 政党政策部門 / 下院議員・スタッフ

〔上院〕
- 上院議員
- 上院への法案の提出（第1読会・第2読会）
  - 議長・議事部長（パーラメンタリアン）による法案の付記
  - この段階で〈公聴会〉が開かれる
- 常任委員会
  - 小委員会
- 議事日程表（カレンダー）への記載・登録
- 多数党院内総務政策委員会
- 上院本会議（第3読会）（定足数51）

〔下院〕
- 下院議員
- 下院への法案の提出（第1読会）
  - 議長・議事部長（パーラメンタリアン）による法案の付記
  - この段階で〈公聴会〉が開かれる
- 常任委員会
  - 小委員会
  - 法案の修正・仕上げが行われる（マーク・アップ・セッション）
- 議事日程表（カレンダー）への記載・登録
- 議事運営委員会（ルールズ・コミッティ）
  - 議長, 多数党院内総務
- 下院本会議（第3読会）（定足数218）
- 全院委員会（第2読会）（定足数100）

（下院案の上院への送付）／（上院案の下院への送付）

上・下両院で法案が同時に審議された場合、直ちに両院協議会へ持ちこまれる

上院案と下院案が異なるとき両院協議会で調整する

両院協議会 → 報告書（調整案）

大統領
- 承認の場合
  - 10日以内（日曜日を除く）に署名する → （法律となる）
  - 10日以内（日曜日を除く）に異議を付して還付しないとき
- 拒否の場合
  - 還付拒否 → 当該法案を先議した議院へ異議を付して還付する 上・下両院において出席議員の$\frac{2}{3}$の多数で再可決されれば法律となる
  - 握りつぶし拒否（ポケット拒否）→ （法律とならない）

（出所）『世界の議会2 アメリカ合衆国』（ぎょうせい, 1984年), 101頁。

常任委員会は，分野別に設置され，議員は長期にわたって同一の委員会に所属することにより，その分野の専門家となる。現在，上院に16，下院に20の常任委員会があり，その下に多数の小委員会がある。

　米国の連邦議会は，典型的な常任委員会中心主義の議会であり，法案審議において果たす役割は大きい。

⑥立法補佐機構

　上院議員は1人当たり平均すると約43名，下院議員は約17名の秘書を雇用している。また，各委員会にも多数の調査スタッフが属する。

　議会の付属機関としては，議会図書館調査局（CRS），政府監査院（GAO），および議会予算局（CBO）がある（詳細は後述）。

（3）　立法手続きの概要

①法案の提出

　上下両院議員から提出される法案の件数は，1議会期（2年間）で約1万件にものぼる。連邦政府は法案を提出できないものの，関係の委員会に立法を勧告し，その委員会の委員長または委員が法案を提出するという方法で，実質的な意味で政府法案を提出できる。

②法案の審議

　・委員会

　　提出された法案は所管の常任委員会に付託される。重要法案については公聴会が開かれるのが普通である。公聴会終了後，委員だけの会議（マークアップ・セッション）で法案の検討が行われ，可決された法案は本会議へ送られる。

　・本会議

　　常任委員会中心主義にもかかわらず，本会議での審議は必ずしも形式的でなく，年間1,000時間程度の審議が行われている。例えば，第102議会期（1991～92）における委員会通過法案のうち，両院で可決するに至ったものは610件である。

・党議拘束
　議員に対する党議拘束力は弱い。なお，委員会と本会議で表決の結果が異なることも珍しくない。

③両院関係
同種の法案が上院案または下院案として異なった形でそれぞれの院を通過した場合，しばしば両院案を調整する必要が生じる（上下両院の同種法案の並行審議，党議拘束が弱いことによる）。非公式折衝などによって両院間の合意が成立しない場合には，両院協議会（Conference Committee）が開かれる。

④大統領の拒否権
両院で可決された法案は，大統領の署名を得るため大統領府へ送られる。しかし大統領は，当該法案が法律となるのを望まない場合には署名を拒否できる。

なお，大統領の拒否を覆すには，両議院で出席議員の3分の2以上の多数による再議決が必要である。例えば，第102議会において拒否権が行使された例は15回で，議会の再議決によって拒否が覆されたのは1回のみであった。

大統領が法案を受け取ってから10日以内に拒否権を行使せず，また署名もしないときは，法案は自動的に成立する。しかし，この10日間の経過前に議会が閉会すると法律は成立しないので，大統領はこれを利用して法案を葬ることも可能である（これを，一般にポケット・ビートゥという）。なお，第102議会では10件の法案に対してポケット・ビートゥが行われた。

（4）立法補佐機構
①膨大な議会スタッフ
連邦議会の特色の一つは，議院，委員会および各議員の立法調査および国政調査活動を補佐するシステムが，世界で最も整備されていることである。これは，同国が厳粛な三権分立主義をとっている結果，議院の自律性が強いこと，また委員会中心主義の議会であること，および，政党の拘束力が弱く，議会活動が議員個々人の活動に依存していることに起因している。

各議院における主な立法補佐機構には，各院の事務局のほかに，委員会スタ

ッフ，議員の立法担当秘書および各院の立法顧問局（法制局）がある。また，院外の立法補佐機構として，議会図書館調査局，政府監査院および議会予算局が設けられている。

議会スタッフは，連邦議会の活動に対する影響力がきわめて大きいことから「影の政府（Shadow Government）」，「見えない政府（Invisible Government）」，あるいは「選挙によらない代議士（Unelected Representatives）」などといわれ，その人数は1993年現在でおよそ2万7000人である。

なお，政党基盤の弱い米国においては，政党スタッフの整備は進展せず，議会両院の民主，共和各党役員のスタッフ，並びに議院および政党の運営に関する両党の運営に関して党の政策委員会などのスタッフ（下院137人，上院100人，1993年）の他には，ほとんど見るべきものがない。

②委員会のスタッフ

委員会のスタッフ（Committee Staff）は，1946年および1970年の立法府改革法をはじめとする諸法律および各院の決議により次第に増強されてきた。しかし，1990年代に入り厳しい財政状況のもとで行政府の職員が大幅に削減されるなかで，1995年の議会改革（下院議事規則の改正）の一環として，下院委員会スタッフは3分の1へと削減が決定された。

現在，下院においては，各常任委員会は原則として30人以内の中核となる専門職員を雇用できる。委員会のスタッフの任命権は各委員会（実質的には，委員長）にあるものの，そのうち3分の1は，少数党筆頭委員をリーダーとする少数党側委員に奉仕するスタッフとして，その任命のための指名権が少数党筆頭委員に与えられている。

1994年まで，各常任委員会の30人の常勤スタッフの雇用経費は，議院の予算から直接支出され，それ以外のスタッフについては，各委員会（特別委員会を含む）が，議院の予備金（Contingent Fund）から議院の決議により多額の調査費の支出を認められ，この調査費により多くのスタッフを雇用していた。しかし，1995年の議会改革で，各委員会スタッフ給与は2年間の議会期ごとに行われる1個の決議により委員会スタッフの雇用予算の中から支出されることに

なった。そのため，予算上は常任委員会の中核となるスタッフとそれ以外のスタッフの区別はなくなった。上院の常任委員会は，かつては原則として12人の常勤スタッフを雇用することが認められていた。しかし，1982年度予算から常勤，非常勤の区別を改め，議院の予備金から支出される各委員会の調査費によるスタッフの雇用に一本化された。そのうちの少数党のスタッフの雇用の割合は，下院と同じである。ちなみに，1993年における委員会スタッフの数は，下院で2147人，上院で994人，合計3141人である。

③立法担当議員秘書

　下院議員は，秘書雇用のため議員1人当たり年間55万7400ドル（1993年度）の秘書雇用手当をうける。各議員は，この手当の範囲内で，常勤秘書18人，非常勤秘書4人，計22人までの秘書を雇用することができ，1993年においては7,400人（1議員平均17人）が雇用されていた。

　議員秘書の多くは，ワシントンの事務所と，選挙区の事務所に配属されている。ワシントンの事務所の秘書のうち平均して2～3名が立法担当秘書(Legislative Assistant)の肩書のもとに議員の立法活動を補佐している。また，このほかに調査担当秘書も何名か雇用されている。

　上院議員の秘書雇用手当の額は，選出州の人口規模により異なり，人口500万人未満の州選出議員には年間105万4000ドル，人口2,800万人以上の州選出議員となると191万4000ドル（1993年度）が支給される。

　上院議員が雇用できる秘書の人数には，下院とは異なり，制限がない。議員は，手当の範囲内で，自由に秘書を雇用できる。例えば，1993年度の上院議員秘書の総数は4138人，1議員当たりでは41.4人である。上院議員は，このうち数名を立法または調査担当秘書に任命している。

　上院議員は，1975年の決議で，自己の委員会活動を補佐する専門スタッフを雇用するための法助手雇用手当を受けることができるようになった。この手当の額は，1議員当たり年37万4000ドル（1993年度）である。ただし，この手当は，委員会スタッフの任命権を有する委員長，小委員長および少数党筆頭委員には減額支給される。

④立法顧問局（法制局）

　各議院の事務局に立法顧問局（Office of Legislative Council）が置かれている。それは，立法顧問を長とし，各院の委員会および議員の依頼により，法案および修正案の起草や委員会報告書の作成について専門的立場から助言を行うことをその任務とする。ただし，立法顧問局は，条文の作成と修正にその任務を限定しており，政策の可否や内容そのものにはタッチしない。下院の立法顧問局の職員数は48人，上院の立法顧問局は34人の職員で構成されている（1994年度）。

　なお，主要国における議院法制局に相当する組織は，米国の連邦議会とわが国の両院の法制局だけであり，イギリス，フランスおよびドイツなどの議会にはこのような組織はおかれていない。

⑤議会図書館調査局

　議会図書館調査局（Congressional Research Service＝CRS）は，中央図書館でもある議会図書館（Library Congress）に属し，それは高度に独立性を持った部局であり，世界で最も規模の大きい立法補佐機構であるといえる。

　CRSは，連邦議会の立法機能および行政監督機能等を不偏不党の立場から補佐するため，総合的な調査や専門的な観点からの問題分析から，一般的な情報の提供を行い，議会の両院，委員会，議員およびこれらのスタッフの活動を援助することをその主要な任務としている。

　このような任務のもとに，CRSは，連邦議会各部門からの調査，分析その他情報提供の依頼に応えており，その依頼件数は例えば，1994年度で59万3000件にも達している。

　また，同局は，依頼調査に応えるとともに，その時々の重要問題を解説した「イッシュー・ブリーフ（Issue Brief）」，「CRSリポート（CRS Report）」などの不定期資料や，「CRSレビュー（CRS Review）」その他の定期刊行物を発行し，さらに，両院の議員，委員会スタッフ，議員秘書その他の議会スタッフを対象とする，1日から数日にわたる研修会も開催している。

　CRSの機構は調査部門，資料情報部門および調査調整室，その他からなる

特殊部門から構成されている。同局のスタッフの数は，専門調査員以下の各部門における専門スタッフおよび事務職員等，860名である（CRSの詳細については後述。）

⑥その他の立法補佐機構

会計検査院（General Accounting Office＝GAO）は，1921年予算および会計法に基づき，連邦議会の行政監督機能を補佐する目的のもとに，行政府から独立した機関として設置された立法府の付属機関であった。

GAOは，連邦議会の委員会の要請に基づき，行政府各省庁の会計監査と行政上の各プログラムに関する分析・評価を行うこと，また，自発的に各省庁の活動に関する監査を実施し，これを連邦議会に報告することの，二つの職責を負っていた。

GAOの職員数は，4,926人（1994年度予算定員）に上る。その業務のうち80％が連邦議会の委員会等の要請によるものであり，立法調査および行政監督機能に奉仕している。なお，GAOは，04年7月から政府監査院（Government Accontability Office）に名称が変更された。

議会予算局（Congressional Budget Office＝CBO）は，連邦議会が1974年議会予算・支出統制法（公法律第93議会第344号）を制定して予算審議手続を改革したのに伴い，同法に基づき設置された機関であり，職員218人（1994年度予算定員）で構成されている。

CBOの職務は，連邦議会が歳入法案や歳出法案の起草および審議を行うに際して必要とされる予算関連情報，並びに財務，予算，行政諸計画に関する分析および選択的政策手段についての情報を提供することもある。

CBOは，この職責のもとに，連邦議会の各委員会からの個別的な分析依頼のほかに，歳入・歳出の現状調査，法案が5年間に予算需要およびインフレに与える影響予測，定期的経済見通し調査，などをおこなっている。

3　議会情報の発信

（1）　米国の議会図書館と議会調査局

　議会図書館は，議会法に基づいて1800年4月24日に設立された。そして，1914年7月，議会および委員会に対して専門的なサービスを提供するものとして，館内に立法

アメリカ下院本会議場

考査室が創設され，1949年には，この室は局に昇格し，最終的に1970年の立法府機構改革法により，「議会調査局（コングレショナル・リサーチ・サービス＝CRS）」となった。

　CRSの機構は既述のように，調査部門，図書館情報部門，特殊部門とに分かれている。調査部門には，アメリカ法，経済，教育・厚生，環境資源政策，外交・防衛，政府，科学技術政策調査の7部がある。図書館情報部門には，議会関連レファレンスと図書館サービスの2部門がある。一方，特殊部門は，担当割当・レファレンス・特殊サービス室，機械化情報サービス室，総務・管理サービス室，議員および委員会連絡室，政策企画・再審査室，調査・分析・多角研修プログラム室，上級専門調査室，局長室からなっている。

　GRAのスタッフは，約860名で，高度の専門教育と研修を受けたものがスタッフとして採用され，実力と成果に基づいて昇進する。この中で，614名の専門家は多種多様であり，弁護士，経済学者，技術者，情報科学者，図書館員，防衛・外交分析者，政治学者，行政官，自然科学・行動科学者などである。最上級の調査員は，上級専門調査員で，その多くは国内もしくは国外の各々の分野において著名な者たちである。約535名が調査部門に属し，185名はレファレンスおよび図書館情報部に属し，そして，140名は種々の総務管理の業務に従事している。

　CRSは，連邦議会が有する立法機能，監督機能および代表機能を補佐するために，議員をはじめ議会の各委員会およびそのスタッフに対して，党派的立場をこえて，分析調査とレファレンス援助を提供する議会の直属機関である。

CRS は，連邦政府の行政府，並びに司法府の諸機関に対して，また，直接国民に対して奉仕はしない。CRS の職員は，連邦議会の要請に応じたり，そのニーズを予測するとともに，一連の政策課題に対して，部門を超えて共同作業を行う。また，連邦議会と緊密に連絡しながら，議会の指令する枠内において，国家の立法機関の情報提供機関として，広範囲に及ぶサービスを提供している。CRS の職務の特色は何よりも，正確であること，超党派的であること，かつ時宜にかなっていること，迅速であること，そして機密を守ることにある。
　CRS のサービス範囲は，連邦議員が院内発言に使用する詳細な政策分析や法律調査，立法の背景などに関する特別な調査から，基礎的でかつ実質的な情報サービスにまで至っている。CRS の職員は，議員や委員会のスタッフに対して個別サービスを直接提供したり，コンサルティング・サービスも実施している。CRS の職員はまた，その研究活動を進めるにあたって，コンピュータ化された情報源を広範に利用し，そのサービス形態も個別説明会の口頭形式のものから，オーディオまたはオーディオビジュアルといった形式のものまで多様である。議会関係者から CRS への依頼件数は，年間50万件を超えている。
　なお，連邦議員への情報提供の主なものとして，次のようなものがある。
・**資料の提供**：CRS では，「CRS レポート」，「イッシュ・ブリーフ」などの不定期資料，また「CRS レビュー」，その他の定期刊行物のような種々のレポート類を提供しており，最近ではまた，フックス・オン・デマンド（ユーザーが CRS のファクシミリ＝コンピュータに電話して，必要な資料番号をおせばファクシミリで資料が送られてくる）で届けることも可能となっている。
・**ホームページ**：CRS には連邦議員用のホームページがあり，これは議員のみが利用できるもので，一般国民からのアクセスはできない。ホームページで提供している主なサービスとしては，CRS Products and Services という見出しのもとで，「イッシュー・ブリーフ」や「CRS レポート」を入手できるし，また，Congressional Staff Reference Desk という見出しのもとでは，広報担当，法律担当などの議員スタッフの情報を提供している。
・**トーマス**：ホームページを通じて議員に対して立法情報を提供しており，そ

の一例が「トーマス（Tomas）」である。これによる情報としては法案のフルテキスト，議会の会議録のフルテキスト，会議録の牽引などが挙げられる。なお，トーマスは国民一般にも広く開放されている（この点については後述する）。

CRS以外の部門でも，それぞれの専門分野において議会への支援を要請されていることはいうまでもない。その中でも，法律図書館には特に外国法を中心とする調査依頼が多いという。法律図書館は，89名の職員を抱えており，米英法部，欧州法部，極東法部，スペイン系法部，近東・アフリカ法部からなっている。

法律図書館の主な業務は，連邦議員および議会のスタッフに対して，外国法，国際法，比較法の分野での調査とサービスを提供することにあり，さらに行政・司法部門，研究機関，法曹界その他の法律関係者に調査とサービスを行うことである。

特に，英米法資料室は125の席を設け，3万冊を超えるレファレンス図書が備え付けてある。この中には連邦および各州の法律，判例集，判例時報，加除式法令集および条約がふくまれており，また，最高裁判所や控訴裁判所の公判記録もこの室で利用できる。1996年には，連邦議会や他の機関を含めて約9万3,000件の調査依頼をこなした。

なお，法律図書館では，「GLIN（Global Legal Information Network）」のデータベースにより，議会関係者はもちろんのこと，現在11か国に対して法令・規則のフルテキストを提供して，インターネットとして貢献している。ちなみに，GLINは，1996年7月から議会図書館のホームページにも掲載された。

（2） 国民への議会情報などのサービス

議会図書館では，ワシントンDCまで来られない人々を含めて，より多くの国民に同館のサービスとコレクションをアピールするための手段として，ホームページを積極的に利用できるようにしている。

・アメリカン・メモリー：議会図書館が所蔵するアメリカ史上重要な資料を提供しており，それは学校における歴史教育にも活用されている。

・トーマス：議会情報をインターネット上で広く国民に開放することを目的として，1995年1月，第104議会の開会とともに始まった，議会情報検索システムである。「今週の議会活動」や議会会議録，委員会情報など，国民が連邦議会や議員の活動を知る上で必要な情報が提供され，牽引は毎日更新されている。なお，会議録は1日遅れで見ることができる（トーマスの詳細は後述する）。
・展示会：議会図書館が行った各種の展示会の内容を紹介している。なお，インターネット上だけで公開する展示会もある。
・図書館サービス：議会図書館サービスについて説明したもので，議会図書館の資料収集方針や20ある閲覧室が紹介されている。
・リサーチ・ツール：研究に役立つツールを紹介し，議会図書館だけでなく，アメリカ内外の220の図書館の目録を検索できるZ39.50ゲットウェイを提供している。

（3） 議会図書館の電子情報発信機能

　現在，インターネット上で議会の立法過程情報を調査するには，「GOPACCESS」，「LIGE−SLATE」，「HOUSE OF REPRESENTATIVE」，「U.S.SEVEN」，といったサイトがある。しかし，先に紹介した議会図書館が提供するトーマスは，上院と下院の本会議，並びに各種委員会の立法情報のみを総合的にまとめたサイトとしてきわめてユニークである。

　トーマスは，アメリカ政府情報の印刷・販売を実施してきた「政府印刷局（GOP）」の対応が遅く，そのため下院議長ニュート・ギングリッチの要請で1995年1月から開始されたものである。議会資料は米国の情報の中でも特に要望が多く，各議員と選挙区民とのコミュニケーション手段として電子メールの使用が活発化するにつれ，連邦議会に関する情報を一括して提供するホームページの完成は議会関係者のみならず，政府の各機関および一般国民から高い評価を受けている。

　ちなみに，トーマスという名称は，アメリカの独立宣言の起草者であり，第3代大統領であったトーマス・ジェファーソンにちなんで付けられたものであ

る。

　ところで，トーマスが提供する情報には，大きく分けて次の4つのものがある。①議会が出す情報（法案，本会議議事録，議会諮問委員会報告），②立法過程，③議会関係のインターネット・サイト，④その他のインターネット・サイト。次に，これらを簡単に説明する

①**議会が出す情報**　トーマスでは，第103議会（1993〜94年），第104議会（1995〜1996年）及び第105議会（1997〜98年）などの情報を提供している。したがって，法案は1993年以降に提出されたすべてがフルテキストで入手可能である。しかし，法案の審議状況や法律として成立したか否かを知ることができるのは，最近の議会に限られている。

　トーマスはどちらかというと連邦議会の最新情報に重点を置いているので，現在進行している法案に関しては，例えば「目玉法案（Hot Bill）」の項目を設けて，主題，ポピュラー・タイトル，法案番号，大統領の署名の如何，さらに今週の動向などが検索できるようになっている。

　米国の連邦議会では，法案はまず本会議に提出されて，法案番号が付けられた後に，該当する委員会とさらにその下の小委員会にまわされ，公聴会が開かれたあと審議・採決され，可決される。そしてこの法案は，本会議で審議・採決されると，もう一方の院（下院または上院）にまわされ同様の審議が行われる。本会議の議事録であるコングレショナル・レコードは議会開会中は毎日刊行され，この膨大な議事録の全文がトーマスに収録されている。

②**立法過程**　米国の連邦議会は上で述べたように，非常に複雑で分かりにくい。法案の一連の流れのほかに，大統領が拒否権を発動した法案はどうなるのか。上下合同委員会はどの段階で開催されるのか，不明である。そこで，「How Our Laws Are Made」をクリックすると立法過程をわかりやすく説明してくれる。また，三権分立のそれぞれの責任と義務を明記した米国憲法の全文も見ることができる。

③**議会関係のインターネット・サイト**　連邦議会の上院と下院において，それぞれホームページとGopherサイトをもっており，さらに各議院のE-mailア

ドレスに直接リンクできるようになっている。また，トーマスとほぼ同時期にホームページを開始した政府印刷局（GOP）の「GOPACCESS」および連邦議会の付属機関である会計検査院（GAO）にもアクセスポイントをつけている。
④**他の政府関係のインターネット・サイト**　議会図書館のLOCIS（Telnet）をはじめとして，行政府，立法府，司法府，さらに各州・市町村のホームページにリンクさせている。トーマスからは，政府機関のサイトにも入ることができるようになっている。

　トーマスは，立法部門の総合的データベースとして，24時間フルに利用することができ，毎日平均すると3万件の接続があり，毎日約300万のヒット数を記録しているという。なお，1997年から，新しくLegislative Information System（LIS）が世界的なワイド・ウェブとして初めて利用可能となった。これは，連邦議員とそのスタッフに対して，最も最近のかつ包括的な立法情報を提供するものであり，上下両院の委員会が共同で開発したものである。ただし，利用は議会関係者に限られている。

4　おわりに

　議会図書館の連邦議員への情報発信機能と国民への議会情報発信機能との関係については，周知のように，米国においてはわが国と同様に，国の中央図書館と議会図書館とが一体になっており，一般国民向けの情報サービスと議員向けの情報サービスを行うものとして，議会図書館が設置されているのが大きな特色といえる。その場合，既述のように，連邦議員に対するサービスはもっぱら議会調査局の各課が担当し，一般国民に対するサービスはその他の部局が担当しているという機能の分化がみられる。

　以上で述べてきたように，連邦議員への情報提供および国民への情報発信という点では，米国は他の国の議会関係のサービスと比較して質量ともに群をぬいているといってよい。

―― 〈コラム①　交差投票〉 ―――――――――――――――――――――――

　これは，連邦議員が投票するさいに見られる行動のひとつで，採決の場合に賛否の投票が政党のラインに沿って行われず，政党間の境界を交差して行われることを指している。米国では，政党の党議拘束が弱体で，政党の幹部による締め付けがきかない。議員は採決にさいして，所属政党の意向だけでなく，選挙区民，圧力団体および自身の判断によって投票する傾向がある。

―― 〈コラム②　ロビイスト〉 ―――――――――――――――――――――――

　法案の成立または廃棄のために連邦議会内で議員および議会スタッフに働きかける各種の利益団体の代理人をロビイストという。1946年の連邦ロビング規制法により，ロビイストは上下両院事務局に登録し，収支報告書の提出などを義務づけられている。近年，ロビング活動は一段と活発化し，外国政府・企業のロビイストを含めて，首都ワシントンDCには，1万5千人ぐらいのロビイストがいるといわれる。

第2章　英国

イギリスウェストミンスター宮殿

1　はじめに

　イギリス（以下，英国と略す）では，1997年5月，18年間続いた保守党政権に代わって，労働党政権が誕生した。5月1日に行われた総選挙において，全国659選挙区では，労働党が地滑り的勝利を収めて419議席を獲得し，一方，保守党は165議席へと転落した。

　労働党のトニー・ブレア党首は，弱冠43歳と今世紀では最年少で英国首相に就任した。労働党の伝統的な「社会主義路線」を修正したブレアの「中道路線」が，保守党の長期政権に飽きた有権者の支持を得たものといえる。

　ブレア首相は，社会的公正・公平を目指す一方で，「新しい労働党」の標語の下，党綱領にあった産業国有化条項を廃止し，また党大会で労働組合の議決権を却下するなど，党の近代化を強力に推進し，労働党をいわゆる「階級政党」から「国民政党」へと脱皮させ，更に自身の若くして清新なイメージを売り込み，幅広く国民の支持を得ることに成功した。

　ブレア首相が率いる労働党政権は，新たな政策課題に意欲的に取り組んだ。まず経済政策では，長期的な経済成長には経済の安定が必要であるとして，低インフレ，健全財政による経済の安定を掲げて「マクロ政策」を展開した。

　一方，欧州連合（EU）との関係では，前の保守政権とは対照的に親・欧州的態度をとり，社会憲章にも調印し，欧州通貨統合加盟問題でも，早期の参加を表明した。

　また懸案である北アイルランド和平の推進にも積極的に取り組んだ。そして，バーミンガムで開催された「主要先進国首脳会議（サミット）」の場では，ブレア首相は議長国として巧みなリーダーシップを発揮した。

2007年5月10日、ブレア首相は、首相と労働党党首の職を6月27日に退くと表明した。ブレア政権は、「ニューレーバー」（新しい労働党）をキャッチフレーズに中道改革路線を推進し、第二次世界大戦後では保守党のサッチャー政権に次ぐ長期政権となった。労働党は同24日、マンチェスターで臨時党大会を開き、政権ナンバー2だったブラウン財務相を新党首に選出した。ブラウンは27日、戦後13代目の英国首相に就任した。労働党の党首交代はブレアが就任した1994年以来のことで、ブラウン首相の任期はブレアが残した2010年5月までである。

2　英国の議会

（1）　議会の構成

①議会は女王（国王）と上院および下院により構成される。

②上院は、世襲貴族、一代貴族、法服貴族、聖職貴族の非公選議員で構成され、任期および定数はない。現在の上院議員総数は、748人（2007年12月現在）である。

③下院は定数646人で、任期は5年。小選挙区制で選出される。選挙権年齢18歳、また被選挙権年齢21歳である。なお、上院議員である貴族には選挙権、被選挙権はない。

（2）　議長・副議長

①**上院議長**　閣僚の一人である大法官が当然に上院議長を兼ねる。上院議長は、積極的に党活動を行い、しばしば討論・採決に参加する（下院議長と異なる）。上院議長は、会議の秩序維持に関して、下院議長のような強い権限はなく、可否同数のときの決裁権もない。

②**下院議長**　総選挙後の最初の会期の初めに、議員の中から選挙され、解散まで在職する。いったん議長に選ばれると、自ら辞職しない限り、総選挙後再び議長に選ばれる慣行が確立している。下院議長は、党籍を離脱し、選挙においても、政党の政策を掲げた選挙活動は行わない。下院議長はまた、強い秩序

維持権を有し，議事日程の決定等については与野党の幹事長会談にまかせ，日常の行動についても中立性を保持する。

③**副議長**　下院では，歳入全院委員長と2人の歳入全院委員長代理が，副議長となる。一方，上院では，全院委員長が副議長となる。

（3）会期

議会の召集・閉会は，女王(国王)が行う（ただし，実質的決定権は内閣にある）。

会期は，普通，10月末か11月の初めから翌年の同時期まで（年中会期制）である。ただし，クリスマス休会(約1ヶ月)，夏期休会(8月〜10月初旬)等がある。会期はそれぞれ独立し，議案は会期を越えて継続しない（会期不継続の原則）。

（4）本会議の開会日，定足数および表決方法

本会議は，月曜日から金曜日まで毎日開かれる（月，火，木曜は，午後2時半，水曜日は午前9時30分開会，午後10時半散会が通例。金曜日は，通常午前9時半に開会，午後3時に散会）。なお，金曜日のうち年間10日は，議員が選挙区で活動できる日として，会議を行わない。

下院の定足数は，分列表決を行うとき（議会定足数）は40人以上。また開会および議事の続行定足数には，出席者の計算は行わない。

上院の定足数は3人。ただし，分列表決では30人の議員の参加が必要である。表決の方法には，発声表決と分列表決（一種の記名表決）がある。

（5）委員会制度

①下院

全院委員会は，議長を除く全議員で組織され，歳入法案その他の重要法案の委員会段階の審査を行う。委員長は常に歳入全院委員長である。

常任委員会は，一定の所管事項を有する委員会ではなく，単にA，B，C等

法律ができるまでのプロセス

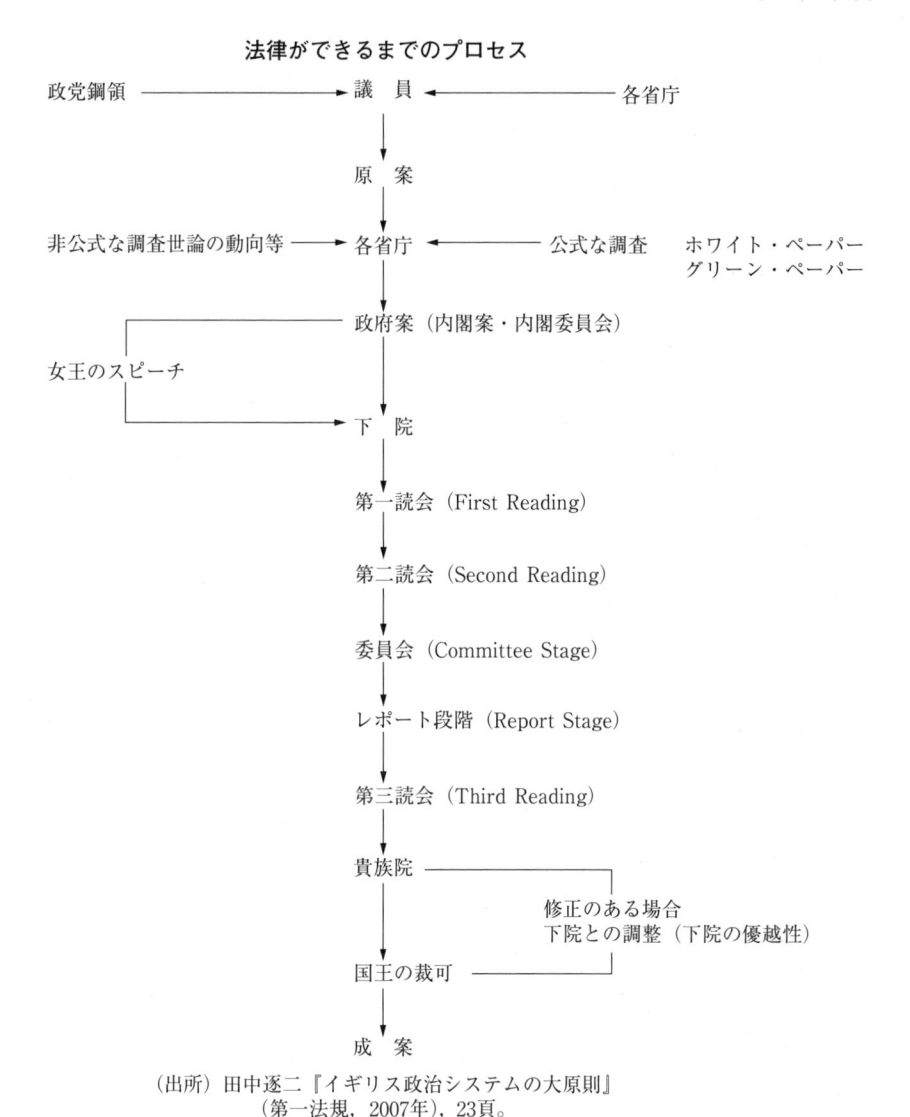

```
政党鋼領 ─────────→ 議 員 ←───────── 各省庁
                        │
                        ↓
                       原 案
                        │
非公式な調査世論の動向等 ──→ 各省庁 ←──── 公式な調査   ホワイト・ペーパー
                        │                           グリーン・ペーパー
                        ↓
              ┌──── 政府案（内閣案・内閣委員会）
女王のスピーチ │
              │         │
              └───→ 下 院
                        │
                        ↓
                    第一読会（First Reading）
                        │
                    第二読会（Second Reading）
                        │
                    委員会（Committee Stage）
                        │
                    レポート段階（Report Stage）
                        │
                    第三読会（Third Reading）
                        │
                    貴族院 ─────────┐
                                    │  修正のある場合
                                    │  下院との調整（下院の優越性）
                    国王の裁可 ─────┘
                        │
                        ↓
                      成 案
```

（出所）田中逐二『イギリス政治システムの大原則』（第一法規，2007年），23頁。

のアルファベット順の名称が付され，委員は付託法案ごとに委員選任委員会により指名され，実質的には特別委員会である。

委員長も同時に委員長候補者団の中から議長が指名する。委員長候補者団（議

第2章　英国

101

長が会期の始めに指名）には，与野党の議員がほぼ同数含まれている。

　特別委員会は常設のものと，議会期または各会期ごとに設置されるものがある。なお，1979年の改革により，各省庁の行政を監督する12（現在は17）の省庁別特別委員会が設置されている（省庁別特別委員会は，法案審査を行わない）。
②**上院**　法律案は，通常，全院委員会で審査する。

　特定の法律案を審査するため，下院の常任委員会（A，B，C……委員会）と類似の公法律委員会が設置されることもある。

　特別委員会はおおむね会期ごとに設置される。なお，上院には，最高裁判所としての機能をはたすため，上告委員会，控訴委員会の二つの特別委員会が設置されている。

（6）　立法手続
①**議員提出法律案と政府提出法律案**　議員提出法律案の審議のためとくに割り当てられた会議日を除き，会期中のほとんどの会議日において，政府提出法律案の審議を含む政府関係議事が優先するため，成立する法律案の大部分は，政府提出法律案である。
②**三読会制度**　周知のように英国の議会は，本会議中心主義の議会であり，法律案の審議は三読会制によって行われる。すなわち，

　第一読会は，法律案の題名の朗読である。

　第二読会は，法律案の趣旨説明と一般原則の審議である。

　委員会段階は，全院委員会または常任委員会における審査である。

　報告段階は，委員会から報告された法律案の審議（全院委員会から報告された法律案については修正のある場合のみ）である。

　第三読会は，法律案の最終の総括的審議である。

　③**下院の優越**　歳入・歳出に関するいわゆる金銭法案は，下院で先議する。上院は，金銭法案の否決はできるが，修正はできない。なお，上院が下院から送付された金銭法案を1ヶ月以内に可決しないとき，下院は，上院の同意を得ることなく，同法案に対する国王の裁可を求めることができる。

金銭法案以外の法律案の場合でも，2会期連続して同一の法律案を下院が可決したときは，同様に国王の裁可を求めることができる。

④**国王の裁可**　法律案は，国王が裁可して成立する。なお，国王が裁可を拒んだ例は，1707年のアン女王が最後である。

院内の各党派勢力（下院は2008年1月末日現在，上院は2008年2月2日現在）は次の通りである。

　下院　労働党：352，保守党：193，自由民主党：63，民主統一党：9，アルスター統一党：1，スコットランド民族党：6，シン・フェイ党：5，ウェールズ民族党：3，社会民主労働党：3，無所属：7，議長，副議長：4，合計646

　上院　現在は748名である。2000年11月の内訳は，保守党系：232，労働党系：200，自由民主党系：63，クロスベンチ（中立系）：62，聖職議員その他：191である（未成年その他の理由により出席権を有しない議員を除く）。

（7）　立法補佐機構

①**委員会のスタッフ**　英国には，米国の委員会スタッフや，わが国の常任委員会調査室のような制度はない。ただし，現在下院の省庁別特別委員会の中には，数名の調査スタッフを持っている委員会もある。これらのスタッフの主要な業務は，調査と報告書の作成である。また，外部の専門家がアドバイザーとして省庁別特別委員会の活動を補佐する場合もある。

②**議院法制局**(存在しない)　英国は，議院内閣制の国であり，議員立法の成立数は政府法案の成立数に比べると少ない。一般議員が法案を起草する際に，これを援助するための議員法制局に相当する機関は存在せず，議員は外部の弁護士等の援助のもとで法案を作成する。

③**立法担当議員秘書**　下院の一般議員の立法調査には，議員秘書，そのなかでも日本の政策担当秘書に相当する立法助手があたる。なお，秘書・調査助手

雇用手当と事務所経費は職務手当に一本化されており，議員はその総額の範囲内で秘書・立法助手を雇用する。1996年4月現在，職務手当の金額は4万3908ポンド，議員一人当たり約2.5人の秘書・調査助手を雇用している。

　④**議会図書館**　上下両院の事務局内には，上院図書館，下院図書館が設置されており，一般議員のための立法調査を行っている。

　下院図書館の主要なサービスは，情報提供サービス，調査サービス，ネットワーク情報サービス，図書貸出サービスである。職員数の合計は，178名（1996年）である。

　調査サービス部門は7つのセクションに分かれており，議員や議員のスタッフからの個別の問い合わせに応じて，広範な国政上の課題に対し調査や資料の提供を行うこと，また議員に一般に配布する調査報告書を作成することが主な業務である。調査報告書は，新しい法案に関するものや議員の関心の高い課題について作成される。

　調査スタッフは，経済，法律，自然科学，統計学等の各分野の専門家であり，採用は各ポストについて公募方式となっている。

　上院図書館は下院図書館に比べはるかに小規模で，職員数も20数名と少ない。

　⑤**会派補助**　下院には，野党会派の立法調査活動を援助するための国庫補助制度がある。補助対象は議員2人以上を有する会派，または直近の総選挙で合計15万票以上を獲得した会派である。会派補助は，議席と直近総選挙の得票数に応じて配分される。ちなみに，1994～95年度の予算額は総額で183万3000ポンドである。このほか，野党幹部の旅費として年間10万ポンドを会派補助に比例して野党間に配分する。

3　議会情報の発信

（1）　英国の下院と上院の図書館

　英国の下院および上院の事務局内には，各々下院図書館，上院図書館が設置されており，議員，議員スタッフおよび議会関係者に対して，各種の立法補佐上のサービスを提供している。

第2章 英国

　ところで英国において議会図書館はすでに，1818年に設置されていた。しかし，図書の貸出などを含めたレファレンス・サービス業務を開始したのは，1826年のことである。現在ある図書室の部屋は，1852年に造られたものである。1945年まで，議会図書館は議会関係の資料の一部と図書の両方を収集していたものの，きわめて少数の職員で構成された，伝統ある"クラブ"のような図書館にすぎなかった。

　1945年に，議会の下院特別調査委員会が下院図書館のために資料購入の予算増額などを勧告し，その結果，新たな目録作りとともに，議員の立法補佐を専門とする職員が配置されることになった。そして，1991年には図書館職員の大部分はウェストミンスター宮殿近くの改修された建物に移った。しかし，議員図書館と呼ばれる図書室は宮殿内に残され，また調査部の受付も存続している。

　まず下院図書館は，もっぱら議会の議員およびその関係者からの調査依頼に回答するところであり，学生，研究者および外部の一般国民のために設けられたものではない。したがって，一般国民のための図書貸出サービスなどは行っていない。一般国民向けおよび学生のための議会情報のサービスは，後述するように，広報室と広報室の中にある教育係が担当している。

　議会図書館は，1967年以降下院事務局の一部となり，図書館(部)は，議会課，調査課，および議事課の3つの課から構成され，その定員は178名である。

　議会課は，図書館の日常業務，情報サービスおよびコンピュータ関係を担当している。この課は議員の図書室の管理にも責任をもち，以下の係りを持っている。すなわち，コンピュータ技術係，国際問題および防衛係，一般情報室および支部図書係，参考サービス係（議員図書室）。

　調査課は，議員に対する文書調査，専門的な口頭による情報と報告を担当している。この課では，「バックグランド・ペイパー」，「レファレンス・ノート」，「レファレンス・シート」などを作成して発行しており，以下の係がある。経済問題係，教育および社会奉仕係，家庭問題係，科学および環境係，統計係。

　議事課は，議員に対して公式文書を無料で配布し，議会関係文書の販売を担当している。

なお，図書部の職員は三つの等級からなっている。すなわち，上級職(38名)は，公務員委員会を通じて採用され，大学院卒でその多くは専門家であり，大学教員の資格を持っている。中級職（49名）の大部分は，図書館学の専門職員である。初級職（46名）は一般事務，秘書および助手職員である。

　議員のための調査サービス業務は図書部の管轄であり，それは調査課の中心業務でもある。大部分の調査と情報提供サービスは，個々の議員のために行なわれており，また，議会の委員会およびそのスタッフにもサービスを提供している。

　議員のための調査，分析および情報提供業務は，時宜を得た，正確でかつ非党派的方法により，敏速に行うことを旨としている。調査依頼業務の大部分は，その回答について1日もしくは2日という期限をつけられ，きわめて敏速な回答を求められている。回答期限のない調査依頼についても，その目標は2週間以内に回答することにしている。

　ちなみに，『下院図書館年次報告書』によれば，1996～97年の間に下院図書館に対して2万2908件の調査依頼があり，また読書室には議員秘書から3万8952件の調査の照会があった。

　この他に，議会図書館では「調査報告書（Research　Paper)」を発行しており，それは議員および議会関係者により頻繁に利用されている。再び『年次報告書』によれば，1996～97年の間に114本の調査報告書が発行され，それは極めて広範囲の問題を対象としており，23本の調査報告書が議会に提出された法案に直接関係するものであった。

　他方，上院図書館は，下院図書館に比べると小規模で職員数も20名と少ない。上院図書館では，貴族（議員）に対して立法補佐上の各種のサービスを提供している。上院の図書部には調査サービス課が設けられており，この課がもっぱら議会の個々の議員からの調査を引き受け，議員が利用できる各種の調査文書を作成・提供している。なお，調査サービス課には，社会政策および統計，企業および輸送，教育および社会奉仕，国内問題，科学および環境，社会および一般統計の六つの係が設置されて，議員や議会関係者からの調査依頼に対応し

ている。

　下院図書館と同様に，上院図書館においても調査専門の職員は大学院を修了した各分野のスペシャリストであり，また職員の大部分は司書の資格をもっている。ちなみに，『年次報告書』によれば，上院図書館では1995～96年の間に1万1292件の調査依頼を処理している。

（2）　国民への議会情報などのサービス

　①**広報室**(The Public Information Office)**のサービス**　広報室は1978年に下院図書館の一部局として設置され，それは下院の審議，公刊物，議事録および歴史について一般国民からの問い合わせに回答するセンターである。それは，下院議会図書館の他の部門，下院の五つの部門，および上院の情報・記録局(the House of Lords Information and Record Offices) と密接に協力して対応している。

　広報室の最も重要な職務は，議会情報に関して電話でもって回答することにある。1日に約600件の電話に回答しており，問い合わせの内容は多岐にわたっている。例えば，下院本会議および委員会，議員，議会の慣例ないし先例についての最新の情報である。広報室はまた，これらの分野に関する歴史的な調査依頼も取り扱っている。

　ちなみに，広報室の電話による回答サービスは，月曜日から木曜日は9時30分から6時までで，金曜日は9時から4時30分までとなっている。電話による回答は敏速をモットーにしている。しかし，時には時間がかかる場合もある。なお，調査依頼は手紙およびEメールによるものも受けつけている。

　『年次報告書』によれば，1996～97年の間に一般国民から12万4904件の調査依頼を受理したが，そのほとんどすべては電話によるものであった。

　広報室が一般国民向けに提供している刊行物として，次のようなものがある。
・「図表・統計（Factsheet）」
・「週間情報速報（Weekly Information Bulletin）」
・「会期情報要覧（Sessional Information Digest）」

・「議員便覧（lists of Members）」

　②**広報室－教育係**　広報室の中にはまた，教育係が設けられており，それは議会の上院および下院について，学校教育上のサービスを提供するものである。教育係は個々の学生だけでなく，全国の小中高等学校をはじめとして，大学生たちが議会への知識と理解を深めることを促進している。

　教育係ではまた，多様な議会関係の資料を作成し，青少年に対して，議会の役割，法律案の制定過程，議員の活動および最近の時事問題に関する議会での論議などを紹介し啓蒙に努めている。

　なお，周知のように，英国には国立図書館があり，そこでは一般国民および大学研究者に対して各種の議会関係のレファレンス・サービスを行っており，会議録はもちろんのこと，議会が発行している文書を利用することができる。

（3）　議会図書館の電子情報発信機能

　現在，議会図書館が提供する電子情報サービスとしては，各種のものがあり，議会データ・ビデオネットワーク（PDVN）と接続されたコンピュータを通じて利用できる。これらの情報サービスを利用できるのは，議員とそのスタッフだけである。次に，その主なものを紹介する。

　①**POLIS**（Parliamentary Online Information System）：POLISのデータベースは，1980年に最初に稼動し利用されており，議会図書館のデータベースとしては最も古い。POLISは，議会情報に関して人名・主題インデックスによる質問に回答している。それは，下院および上院議会図書館のスタッフやその他の議会関係者によって利用されている強力な検索手段である。

　POLISによって現在，次のようなデータが入手可能である。

　議会での質疑（Parliamentary Question），議員の演説を含む下院および上院における討論，法案，議会資料，英国政府刊行物，EUおよび他の国際機関の文書，図書館の図書および小冊子の目録，定期刊行雑誌，古い時代の署名入りの命令申請書，行政府が刊行する出版物，調査資料。

　ちなみに，1979年以降の議会に関するデータベースについては，CD-ROM

を購入することで利用できる。

なお,1996年10月からPOLIS開発の責任者が,この処理装置を管理していた民間の施設管理運営者から下院事務局へと委譲され,そして1997年10月からはデータベースの管理責任もまた下院図書館が担うことになった。

②インターネットで得られる議会情報

英国議会のホームページ。次の資料は,フルテキストで見ることができる。

下院 下院議事録(Hansard‐House of Commons Daily Debates)。議会会期中は,毎日新しい内容が掲載される。下院委員会報告書(Select Committees of the House of Commons Reports)。これは限られた委員会の報告書のみが対象となる。政府提案の法律(Public Bills)。週間情報広報(Weekly Information Bulletin)。議事日程表(Order Papers)。会期中の情報ダイジェストなど。

上院 上院議事録(Hansard‐House of Lords Debates)。上院委員会報告書(Select Committee Reports)。政府提案の法律(Public Bills)など。

女王陛下刊行部局(Her Majestys Stationery Office)のウェブ・サイトで得られるフルテキスト情報として,データ保護法および1996年4月以降の法律はすべて掲載されている。

なお,それ以前の法律は要約のみを見ることができる。制定された法律は,10日以内にインターネットにのせることを目指している。

下院および上院図書館ではまた,15の協力機関からの外部データベースを利用している。これらの中には,BLAIS, DIALOG, DATASTAR, ORBITなどがある。また,議員からの調査依頼のために最も多く利用されているデータベースは,国の内外のニュースおよび事件,また立法に関係したものであり,その中のデータベースとしては,PROFILE, NEXIS, REUTER, TEXTLINE, LEXTS, LAWTELおよびJUSTISがある。

4 おわりに

議会図書館の議員への情報発信機能と,国民への議会情報発信機能との関係については,すでに述べたように,英国の議会図書館において,議員への情報

提供は下院図書館では，調査課が中心となって議会課と議事課の協力を得て行っており，また上院図書館では，調査サービス課が対応している。

他方，国民への議会情報の発信については，下院図書館の一部である広報室が担当しており，議会関係の公刊物を発行し調査依頼に応じている。また，学生に対しては広報室の中に教育係が設けられており，そこが中心となって調査依頼に応じている。

なお，議会関係の資料は，議会の書籍販売部で購入することができるし，また，議会のデータベースであるPOLISについても，関係する会社との契約に基づき，JUSTISのように，外部の機関でも利用可能である。

英国においては国立の大英図書館があり，一般の国民はこちらの方でも議会関係の資料を入手できるし，また議会情報に関するレファレンスにも応じている。

―〈コラム①　クェッション・タイム〉―

　議員による政府への質問は，毎週，月，火，水，木曜日の会議の最初の議事として，午後2時35分から3時半まで行われ，この時間は質問時間と呼ばれている。首相に対する質問はこれとは別に，火曜日と木曜日の3時15分から行われ，時間は30分間である。首相に対する質問は，1961年に導入され，1978年からはラジオによる中継も始まった。

―〈コラム②　分列表決〉―

　これは議員が議場を離れて賛否二つの集団に分かれるところから生じたものである。下院の表決には発声によるものと，分列によるものがあり，分列表決とは，英国式の記名表決の手続きであり，それには通常10分ないし15分の時間を要する。その目的は，発声表決を確認することにある。

第3章　ドイツ

ドイツ連邦議会議事堂

1　はじめに

　1990年10月，東西ドイツは41年間にわたる分断の歴史に終止符を打ち統一を実現した。正確にいえば，東ドイツが西ドイツへの「編入」を決議したことにより，東ドイツが西ドイツに吸収されて消滅したのである。その結果，旧東ドイツ地域には，基本法などを含めて西ドイツの政治（制度，体制）がそのまま導入されることになった。そして，1994年10月にはドイツ統一後，2回目の総選挙が行われ，旧東ドイツ地域の再建が当初の予測より困難であったこともあって，与党であるキリスト教民主・社会同盟（CDU/CSU）と自由民主党（FDP）は大幅に議席を減らし，かろうじて過半数を制した。

　ドイツの統一を成し遂げたヘルムート・コール首相は1982年10月に就任し，1996年10月にはアデナウアー首相の在任記録を破って16年目に入り，戦後では最長の長期政権を維持した。しかしながら，その後雇用情勢の悪化や，欧州通貨統合の参加基準のための福祉削減など，経済革命に対して強い批判が生じ，コール政権に対する国民の支持率は大きく低下した。

　だが，コール首相は1997年4月，翌年秋の総選挙後にも首相指名に立候補することを表明し，また10月のキリスト教民主同盟の党大会においても首相続投の意向を示すなど，総選挙に向けて党内の結束を訴えたものの，結局，1998年の総選挙でCDU/CSUは惨敗し，ついにコール首相は退陣した。そして，シュレーダー内閣が発足したのである。

　2005年9月18日の総選挙ではCDU/CSUが接戦を演じ，ともに議席は過半数に届かず，候補者の死亡で10月2日に延期された東部ドレスデンの投票結果に持ち越されたものの，CDU候補が勝利し，シュレーダー首相は退陣を受け入

れた。両党は10日，メルケルCDU党首がドイツ初の女性首相に就任し，大連立政権を樹立することで基本的に合意し，11月22日，右左両派の「大連立」政権が発足した。大連立はドイツでは旧西ドイツ時代の1960年以来2度目である。

　ドイツの政治体制の特色として，まず第一に「大統領制」と「議院内閣制」を併用している点が挙げられる。すなわち，元首である連邦大統領は連邦を代表し，外国を訪問し外国の賓客を接待し，条約を締結する。また，連邦の首相，閣僚などの任免を行うが，ただし，大統領の政治的権限は小さく，「象徴的・儀礼的」な存在にすぎない。実質的な政治権限は連邦首相が有し，連邦の政策方針を決定し，連邦議会に対し責任を負っている。

　ドイツの政治体制の特色の第二は，連邦国家であることだ。ドイツは現在，旧西ドイツの10州と，旧東ドイツの5州，そして統一されたベルリンの，計16州から構成されている。ドイツではもともと「地方分権的意識」が強く，そのための州政治の動きが連邦政治に大きな影響を及ぼしている。

2　ドイツの議会

（1）　ドイツ議会の特色——独自の二院制

　ドイツにおける立法は，国民の直接選挙による連邦議会（Bundestag）と州政府の代表による連邦参議院（Bundesrat）との協力によっている。

　ただ，連邦議会と連邦参議院は各々独立の連邦機関とされており，両者を合わせてドイツ議会が構成されているわけではない。

　連邦参議院は，州代表の機関として，主として連邦の立法および行政の分野において州の利益を守る機能を果しており，立法に関する権限は，意見の表明や特定の法案に対する同意権などに限定されている。

（2）　連邦議会

①組織と運営

　議員定数・任期　連邦議会は，小選挙区制と比例代表制の組合せにより国民が直接選挙する議員656人によって構成される（ただし，比例代表制による計

算の結果，"超過議席"などを生ずる場合がある。1994年10月の総選挙では16の超過議席が生じ，総議員数は672人となった）。任期は4年（ただし解散あり）。07年11月現在の党派別議席数は，次の通りである。

CDU/CSU	224
（キリスト教民主・社会同盟）	
SPD（社会民主党）	222
同盟'90／緑の党	51
FDP（自由民主党）	61
PDS（左派党）	53
無所属	2
（欠員）	1
計	614

議会期 議会期とは議会の活動期間であり，選挙後の最初の開会日から次の選挙による後継議会の最初の開会日までの期間をいう。選挙は解散の場合を除き4年ごと，すなわち議会期の始期から3年9ヶ月ないし3年11ヶ月目に行い，30日以内に閉会する。なお，解散の場合は60日以内に選挙を行う，それまでは従前の議会期が継続する。

戦後の連邦議会は会期制度を廃止した。ただし，実際の審議は長老評議会の年間活動計画に従って行われ，クリスマスや夏期は休会となる。

議員 議員は，国民全体の代表者として議会活動に参加し，国庫から歳費，諸手当，鉄道郵便料の無料支給，秘書雇用手当の支給を受ける。

議員は倫理綱領に基づき，自己の従事する職業活動を申告し，ジャーナリズム活動や講演活動等も基準額を超える収入について申告する義務を有する。

選挙活動や政治活動のため収受した献金を記帳し，基準額を超える献金について申告する義務も有している。

会派 会派は，議員定数の100分の5（34人）以上の議員により構成される。会派は議会運営に必要な要素であり，これには国庫から補助金も支給される。

なお，会派結成の要件を満たさない議員グループも，院の議決により，会派に準じた諸権利を認められている。

議長・副議長 議長および副議長は，総選挙後の最初の本会議で選挙される。

現在議長は第1会派から，副議長4人は第1会派〜第4会派から各1人が選出されている。日本のような党籍離脱の慣行はない。

長老評議会・会議理事会・書記役議員　長老評議会は，議長，副議長，会派勢力に比例して各会派が指名する議員23人で構成され，政府代表として閣僚1人が加わる。それは，連邦議会の年間活動計画の作成や委員長ポストの配分，議会予算の作成その他会議運営について協議する。

会議理事会は，議長職を行う議長と書記役議員2人で構成され，本会議の議事整理にあたる。

書記役議員は，議長の指示に従い議案の朗読，発言通告の受理，指名点呼，表決の記録，会議録の調整その他会議に関する事務を行う。

本会議　本会議は，長老評議会で申し合わせた年間活動計画に基づき，議事日程に従って議長の主宰で開かれる。連邦大統領または連邦首相の要求があったときは，議長は本会議を召集しなければならない。

会議は公開が原則であり，議員3分の2の要求により非公開にできる。表決は普通，挙手，起立または着席で行い，別に定めのない限り単純多数で決し，可否同数のときは否決扱いとなる。

委員会　議案の予備審査のため，常任委員会が設置されている。現在，23の常任委員会が設置されている。また，特別の案件の審査のため特別委員会，国勢調査のため調査委員会が設置される。調査委員会は，議員の4分の1以上の要求があった場合には設置しなければならない。委員会は会派勢力に比例して構成され，小委員会を設ける場合も同様である。

委員会の会議は非公開が原則である。しかし最近，専門的性格の強い法案の増大に伴って多くの法案の最終的な内容が委員会審査の段階で固まってしまう傾向が生じたため，1995年9月，委員会審査の最終段階の討論と表決を公開して審議の透明性を高める改革措置がとられた。

委員会は政府閣僚の出席を要求し，その他専門家や利害関係者の意見を聴くため公聴会を設けることができる。このほか，外部の学識経験者を交えて広範でかつ重要な問題に関し調査研究を行うため予備委員会が設置されることがあ

る。

②機能

立法手続の概要　法律案の提出権は，連邦政府，連邦参議院および連邦議会議員にある。

①政府法律案は，まず連邦参議院に送付されてその意見を求めることが必要である。さらに連邦政府の意見を付して連邦議会に提出される。

②連邦参議院法律案は，まず連邦政府に送付されてその意見を付して連邦議会に提出される。

③連邦議会議員法律案は，そのまま連邦議会に提出される。提出には会派または会派結成に必要な議員数（34人）の署名を要する。法律案は原則として，三読会，条約は二読会，その他議案は一読会で審議される。連邦議会で可決された法律は連邦参議院に送付される。

法律には，①連邦参議院の同意を要する法律と，②同意を要しない法律の2種類あり，①は両院協議会を開いても意見が一致しなければ不成立となり，②は連邦参議院が異議を表明しても，連邦議会が議員の過半数で再可決すれば，成立する。

行政府との関係　連邦議会は，過半数の議員の賛成により連邦首相を選出する。1回目の選挙で当選者が出ないときは，新たな候補者をも含めて14日以内に再選挙を行う。それでも当選者が決まらないときは，次の3回目の選挙での最多得票者について，その者が議員の過半数を得ている場合は首相に任命し，過半数を得ていない場合は首相に任命するか議会を解散するかいずれかとなる。

連邦首相に対する不信任は，議員の過半数により後任の連邦首相を選挙した上で行われる。連邦首相が自己に対する信任を求め，連邦議会がこれに同意しないときは21日以内に議会を解散できる。ただし，連邦議会が議員の過半数により他の連邦首相を選挙したときは解散権が消滅する。

連邦議会は，連邦政府閣僚の出席要求，質問，国勢調査等を通じて連邦政府を監督する。また，調査委員会や予備委員会の設置，請願の処理を通じても政府の監督を行う。

国防軍に対する監督は，スウェーデンの軍事オンブズマンにならった防衛受託者によって行われる。

（3） 連邦参議院
①組織と運営
議員定数・任期　連邦参議院は，69人の議員で構成される。

各州は少なくとも3票（人口200万人を超える州は4票，人口600万人を超える州は5票，人口700万人を超える州は6票）を有し，各々の閣僚の中から表決権の数と同数の議員を任命する。なお，議員の任期の定めはない。

職務期　連邦参議院は常設機関であり，議会期または会期の制度はない。

連邦参議院の活動は，毎年11月1日から翌年10月31日までの1年間を1職務期として行われる。

議員・会派　議員は，連邦議会議員と異なり州政府の訓令や指示を受け，表決の場合には州の表決権を一括して行使する。議員は州の閣僚として給与を受けるので，歳費は支給されない。ただし，会議出席のための雑費および手当を受け，また鉄道郵便無料利用証を交付される。なお，連邦参議院には会派は存在しない。

議長・副議長・常任委員会・書記役議員　連邦参議院は，職務期ごとに議長1人，副議長3人を選挙する。議長は連邦大統領が欠けたとき，その職務を代行する。議長および副議長で議長・副議長会を構成し，議院予算の作成その他院内事務を処理する。その下に常任委員会が置かれ，会議の準備その他の事務にあたる。議員の中から書記役議員2人が選任され，会議の運営を補佐する。

本会議　本会議は，議長が招集する。1州または連邦政府の要求があるときは招集しなければならない。会議は原則として公開であり，また議決により秘密会とすることもできる。

本会議では，表決権の過半数（35名）を代表する議員が出席するとき表決することができ，投票の過半数により決定する。州に対する連邦の監督や強制に同意を与える議案には，関係州のみが表決権を有する。

委員会 連邦参議院は，常任委員会を設け，その他の委員会を設けることができる。常任委員会は，1996年現在16設置されており，各州の所轄大臣が委員となっている。特別委員会は，必要に応じて設置される。

委員会には議員である委員1人のほか，州政府閣僚であるもう1人の州代表を出席させることができる。委員会は必要に応じ鑑定人の意見を求めることができる。委員会では，州の過半数が出席するとき表決することができ，各州は1票のみを投じ，得票の単純多数で決定する。なお，議事は，非公開である。

②機能

連邦参議院は，立法に関して連邦議会に協力し，行政に関しては連邦政府に協力する連邦機関であり，連邦の中央集権的傾向に対して州の利益を守り，その影響力を連邦に反映させる機能をもつ。

立法協力 連邦参議院は法律案を提出することができ，提出法律案は連邦政府を通じて3ヶ月以内に連邦議会に送付される。連邦参議院は，連邦政府法律案の送付を受け，6週間以内に自己の意見を表明できる。連邦議会が議決した法律に対しては，連邦参議院は，その法律が連邦参議院の同意を要するものであれば同意を拒否し，また同意を要しないものであれば異議を申し立てることができる。なお，異議を却下するには連邦議会議員の過半数による議決が必要である。

同意を要する法律は，憲法改正法律，州の行財政に影響を及ぼす法律など，全法律の半数以上を占めている。

連邦参議院は，連邦議会と連邦政府との対立が深刻化し連邦大統領が立法緊急状態の宣言を行った場合には，単独で政府提出法案に同意し法律を成立させることができる。

行政協力 連邦参議院は，連邦政府が制定する法規命令のうち州の利害に影響を及ぼすものについて同意権を有する。それは，連邦政府が制定する一般行政規則であり，州に執行上の指示を与えるものについても同様である。

連邦法の執行に際して州に違法の疑いがあるときは，連邦政府の申し立てに基づき，連邦参議院が違法の有無について決定する。連邦法による任務を履行

しない州に連邦政府がその履行を強制するときにも，連邦参議院は同意権を有する。

（4）　立法補佐機構

　①**会派スタッフの役割**　委員会の実務的審査を支えるのが会派スタッフの主な役割である。各会派では委員会審査に対応するため，それぞれの専門分野ごとに作業部会を設置しており，議員は特定の委員会と自分の会派の作業部会に長年所属して専門家となり，同時に専門知識を有する多数の会派スタッフがその活動を支えている。会派スタッフ雇用の財源は，各会派に支給される国庫補助であり，その年間総額は1億マルク（63億円）に上る。それは，わが国の立法事務費に相当する。政党経費への流用は禁止されている。会派スタッフの数は，1991年11月現在で727名，その多くは，法案審議のための上記の各会派の作業部会における専門的作業に従事している。

　②**連邦議会調査局**　議会事務局内に設けられている立法調査機関であり，議員からの調査依頼への回答と委員会運営の補佐と任務とする二つの調査部（外交，防衛，経済，財政，教育その他を担当する第一調査部と，憲法，行政，労働，厚生その他を担当する第二調査部），100万冊以上の蔵書を有する議会図書館の運営や議会資料の編纂・刊行を任務とする専門ドキュメンテーション部，請願事務の処理を任務とする請願部の4部からなる。

　二つの調査部には，各委員会の活動を補佐する事務局がある他に各専門分野を担当する合計9つの調査室が設けられ，法律家をはじめとして専門知識を有する調査員が議員からの調査依頼への回答にあたっている。1調査室当たりの人数は数名で規模は小さいものの，特に情報力において与党に後れをとる野党議員にとって貴重な存在である。

　③**議員秘書**　議員秘書も，立法補佐機構の不可欠の一翼を占めている。

　各議員は年間約16万マルク（約1,000万円，1994年度予算）の範囲内で何人でも秘書を雇用することができ，1991年末現在，4,008人（1議員当たり約6人，ただし非常勤が多い）の議員秘書が公費で雇用されている。議員秘書は，

その職務に応じて待遇の基準が異なる。わが国の政策担当秘書に相当する調査助手は909名おり，会派スタッフ等と協力して立法調査活動にあたっている。一般に秘書は，将来の職業のための跳躍台，もしくは過渡的な仕事という意識が強く，入れ替わりが激しい。

ドイツ連邦議会議場

④技術評価局　1989年に，議会内に常任委員会として「研究，テクノロジーおよび技術評価委員会」が設置されたのに伴い，その諮問に応ずる目的で，翌年議会内に技術評価局が設けられた。ただし，1998年まではカールスルーエの核研究所が議会の委託に基づき，その役割を果たすことになっていた。

3　議会情報の発信

（1）ドイツの議会調査局と議会図書館

①議会調査局の概要　ドイツ連邦議会調査局は，1972年に創設された。ドイツ連邦調査局の組織は，第1調査部，第2調査部，請願部，およびドキュメンテーション部の4部から構成されている。第1調査部には，外務・国際法・経済協力・国防担当調査室のほかに4調査室がある。第1調査部にはまた，外務委員会事務局のほかに12の委員会事務局がある。第2調査部には，憲法・行政担当調査室のほか三つの調査室がある。第2調査部にはまた，内務委員会事務局のほかに六つの委員会事務局がある。請願部には請願委員会事務局の他に第1～第5請願課がある。ドキュメンテーション部には，現代史，政治担当調査室，図書館，議会公文書課の他に三つの課がある。

現在，議会調査局の職員数は，500名である。調査局の中には請願部（90名）があり，議会に対する年間2万件におよぶ請願・陳情書の処理にあたっている。調査局にはまた，委員会および調査会の運営に従事している150名の職員がいる。なお，議会付属の図書館は以前（1949年）からあったが，上で述べたように，現在は調査局の一課となっている。ドキュメンテーション部には，150名の職員が配置されており，調査業務に携わっている職員は100名で，その中の

70名は専門教育を受けた各分野の専門家である。そして，残りの30名は補助職員である。

ドキュメンテーション部のサービスの中には，120紙，60通信の記事を切り抜いて整理する新聞ライブラリー，7ヶ所のデータベース・アクセス・ステーションにおける，職員のための1200の内外データベース検索サービス，議会会議録の事項別・発言者索引データベースの作成，議会史記録（議長・委員長の選出，議員個人の履歴，立法の統計など）の作成・刊行なども含まれる。

②調査部門の業務　議会は，最新の学術情報レベルに基づく情報基盤にアクセスできる可能性を必要としている。現代社会では，情報を持った議員だけが自由に誰にも依存することなく正しい決定を下すことができる。

しかしながら，現実に議員が多くの情報源から直接情報を入手すれば，一方で情報の洪水に直面する。このような情報の過多の中にあって，調査局の職員は，情報を整理し，分析して正しい情報を提供している。

議員からの調査要求を具体的にどのような形でまとめて提供するかは，基本的には議員の要求しだいである。例を挙げれば，調査研究，専門的な所見，分析調査，改革・改善提案，憲法判決およびそれに対する論評，法制度およびその比較，立法準備，演説の要約，賛成・反対のための論拠，資料，演説・発言資料などが挙げられる。なお，調査結果をできるだけ多くの議員に利用してもらうために，調査部で作成した資料の中から優れたものは，リスト化して議員の注文を受けるようにしている。

調査部門の職員の60％は，法律の専門家であり，残りの40％は，経済・自然科学・政治学の分野の専門家である。ちなみに，調査業務の基本理念は次のようになっている。

第一の理念は，議会活動との関連性，整合性であり，取り扱うテーマは，連邦議会の議会活動と関連するものだけである。第二の理念は，政治的な中立性である。調査部門の特徴は何よりも，政治的な中立を厳守することにある。第三の理念は，学術的な作業方法を採っていることにある。つまり，調査回答はすべての重要な事実と立場をバランスよく反映していなければならない。第四

の理念は，議会活動に適した回答形式・形態を考慮するということである。調査回答は，個々の議員のニーズにあった形で，敏速に行われなければならない。第五の理念は，守秘義務である。調査部門は，依頼者との間にある信頼関係を基本としているのであって，依頼主は常に秘密とされる。

ところで，調査部門はもっぱら議員からの調査要求に基づいてのみ活動しているわけでない。調査部門では，自らのイニシアチブで特定のテーマをとらえ，連邦議会と議員に対して的確な情報を提供している。

議員に対する"積極的情報提供"のために，調査部門は次の三つの刊行物を発行している。第一は，「最新キーワード（Das Aktuelle Berff）」であり，それは最新の政治論議の中で，新たに登場した用語の解説と背景情報を述べたものである。第二は，「最新判決（Die Aktulle Gerichtsentscheidung）」であり，それは最近の政治課題に関連した判決・判例などをまとめて，解説したものである。第三は，「争点要約（Info Briefe）」であり，目下の争点について解説しまとめたものである。

③**議会図書館の業務**　議会図書館は，連邦議会に関係する国内および国外の文献を集め，蔵書目録を作成している。それは，100万冊以上の図書と1万2,000の定期刊行物を収集するヨーロッパ最大の図書館でもある。

議会図書館は現在，次の4係から構成されている。「公刊図書および特別収集係」，「管理収集係」，「索引および整理係」および「情報および読書サービス係」。

議会図書館の主要な役割は，次の通りである。
・ドイツ連邦議会，その議員，秘書および委員会のスタッフに対する貸出図書館。
・連邦議会およびその個々の議員の業務に関連する問題と争点についての質問に解答しかつ情報を提供する参考図書館。
・調査部門を含めて，ドイツ連邦議会の事務局および連邦議会の会派に対する貸出図書館。

議会図書館では，国内政策および対外政策並びに立法過程に関連する主題の

すべての文献を収集しており，法律的，政治的，経済的，社会的および文化的問題と傾向，並びに現在の争点に関する情報を提供している。

　議会図書館ではまた，いくつかの公刊物を発行している。
　　・「Scnellinformation der Bibliotheks」……重要な新刊図書の簡単な概観紹介。
　　・「Neue Aufsatze in der Bibliothek」……重要な新刊雑誌・論文の紹介。
　　・「Neuerwerburgen der Bibliothek」……重要な新規収集図書の紹介。

（2）　国民への議会情報などのサービス

　ドイツの連邦議会の調査局においては，第1調査部，第2調査部，請願部およびドキュメンテーション部，並びにドキュメンテーション部の図書館を含めてこれといった国民向けの議会情報などのサービスを特に提供しているわけではない。

　その理由は，フランクフルト市に国立図書館があり，そこには各種の連邦議会の資料が所蔵されており，一般国民および研究者に対して議会関係の情報の提供を行い，また議会に関するレファレンスに対応しているからである。

　連邦議会による一般国民向けの議会情報提供の一環として紹介しておきたいのは，「ドイツ連邦議会テレビ局（German Bundestag Television）」の存在である。議会の模様を放映している会社としては，連邦議会と独占契約を結んだ，米国のいわゆる「C-SPAN」が有名であるが，ドイツの場合は，国営のドイツ連邦議会テレビ局が電波を通じて一般国民に本会議の審議を伝えており，それは国民が議会情報を知る手段として重要となっている。

（3）　議会図書館の電子情報発信機能

　連邦議会の調査局では，1970年代初頭以来，データ・プロセシング・ユニットが外部のデータベースから情報を引き出し利用していた。そして，1980年代の終わりにこのシステムは，いっそう開発され，1987年には「連邦議会および政府図書館ライブラリーネットワーク」として機械化され，図書の整理，分類，主題，索引などに利用されてきた。その後，それは改良されて，現在ではデー

タ検索端末機として，外部のデータベースのネットワークとも連結して，議員会館の議員の事務所および調査局の各室にも設置され，各種の情報収集に利用されている。

4 おわりに

議会図書館の議員への情報発信機能と国民への議会情報発信機能との関係については，すでに述べたように，ドイツでは，議員への情報提供は調査局が一体となって行っており，議会図書館は調査局の一課として図書，雑誌などを中心としてどちらかというと文献提供が主体となっている。

一方，国民に対する議会情報については，国立図書館がサービスの提供に努めており，明確な役割機能の分離が見られる。

なお，ドイツでは，連邦参議院にも議会図書館（定員3名）が設置されており，ドキュメンテーションおよびデータ検索係（定員14名）とともに議員および議会関係者へのサービスを提供している。連邦議会および連邦参議院図書館の施設は，一般国民は利用できない。しかし，議会の閉会中に限り，特別の許可を得て，利用することができる。ただし，図書等の貸出はおこなっていない。

─ 〈コラム①　緑の党〉 ─

　環境保護などを掲げるこの政党は，1980年に結成され，州レベルで議席を獲得した後に，1983年連邦議会で初の議席を獲得した。ドイツ統一後には，旧東ドイツの90年連合と合体し，名称を「90年同盟・緑の党」と称し，人権，エコロジー，民主主義，社会的公正，男女の社会的平等および非暴力などを掲げている。現在，連邦議会で51名の議員を擁している。

─ 〈コラム②　議会制度の特色〉 ─

　連邦議会は，本会議ではイギリス式の演説型議会であり，委員会レベルでは米国式の実務型で，折衷型を特色としている。一方，政府と議会の関係では，実際には政府与党と野党が対立するのに，政府と議会全体が対立しているのだともいわれている。また，現実にはドイツは特に政党＝会派中心の議会運営である。だが，国民全体の代表者としての議員意識も手伝ってかどうかは知らないが，議会改革は度々なされているものの，実効性が伴っていないのが現状である。

第4章　フランス

フランス国民議会議事堂（ブルボン宮殿）

1　はじめに

　フランスでは，1995年5月大統領選挙が行われ，保守共和国連合（RPR）の党首でパリ市長のジャック・シラクが，社会党（PS）の元国民教育相ジョスパンを破って当選し，14年ぶりに「ドゴール主義」の保守系大統領が誕生した。そして首相には，RPRのアラン・ジュペが就任した。

　しかし，ジュペ内閣は，失業対策で決め手を欠き，また社会保障改革でも強硬姿勢を批判されて支持率が低下した。そこでシラク大統領は，1997年4月，国民議会を解散し，総選挙に打って出た。その結果は，社会党が前回の3倍以上の252議席，また共産党も38議席と躍進し，保守・中道政党の計243議席を上回った。

　そのためシラク大統領は，第1党となった社会党のリオネル・ジョスパンを首相に指名し，1997年6月，保守の大統領の下での左翼内閣という第3次「保革共存」（コアビタシオン）が実現した。

　2007年4月22日，シラク大統領の任期満了に伴う大統領の第1回投票が行われ，「国民運動連合（UMP）」党首のサルコジ前内相が首位となり，また，初の女性大統領を目指す「社会党」のロワイヤル元家庭担当相が2位となった。結局，当選に必要な過半数は得票できず，それぞれ決選投票に進出した。

　決選投票では，左派全体の低落，移民問題や治安対策で右寄りの姿勢を鮮明にして極右支持層にも浸透したサルコジが53.06％を得票し，46.94％を得票したロワイヤルに勝利を収め，大統領に当選した。サルコジ大統領は16日，パリのエリゼ宮（大統領府）で就任式に臨み，1958年発足の第5共和制の下で6人目の大統領に就任し，初の戦後生まれの指導者になった。

2　フランスの議会

（1）　第5共和制の憲法構造

　フランスの政治制度は，1789年の大革命以後，何度も変動した。現行の第5共和制憲法（1958年制定）は，大革命以来15番目の憲法である。

　現行憲法の特色は，議院内閣制と大統領制の中間的な政治制度を定めている点にある。議院内閣制の要素として，内閣は議会下院の信任を得なければならない。したがって下院の多数派と大統領の支持勢力が一致しない場合，行政府内部で「保革共存（コアビタシオン）」の事態が生じる可能性がある。1997年6月の下院選挙の結果誕生した保革共存政権は第5共和制下で三度目，大統領が保守，首相が革新という組み合わせでは初めての保革共存政権となった。

　第5共和制下の議会と行政府の関係は，第3，第4共和政時代の議会優位を改めて，立法過程に於ける政府の主導権を強化したことである。

（2）　組織と運営

　①構成　議会は，下院＝国民議会（Assembléy Nationale）と上院＝元老院（Sénat）の二院により構成される。

　議員定数および任期

　・下院の定数は577人で直接選挙（小選挙区2回投票制）により選出される。選挙権年齢は18歳以上，被選挙権年齢は23歳以上である。また，任期は5年で解散もある。

　・上院の定数は331人で各県を単位とする選挙人団（下院議員および地方議会議員により構成）の間接選挙により選出される。選挙人の配分は人口の少ない農村部の過剰代表になっている。12議席は国外在住のフランス人の代表として，在外フランス人最高協議会の推薦により選出される。また，任期は9年（2004年改選から6年）で解散はない，3年ごとに3分の1を改選する。

　両院の権限の差異　次の点について，下院が優越する。

　　①予算の先議。

②法律案について，両院が不一致のときは，政府の要求に基づいて下院が最終的な議決を行う（ただし，この場合の下院の優越は政府の要求を前提としている。したがって，議会での法案審議に際して，両院を平等なものとするか，下院の優越を認めるかの選択権は政府にある）。

③下院のみに政府不信任決議権が与えられている。

②会期　常会は，1995年の憲法改正により，年1回9ヶ月（10月の最初の平日から翌年6月の最後の平日まで）で，開会することのできる期日は120日を超えてはならない。なお，首相または各議院の過半数の議員は，補充会議の開催を定めることができる。

臨時会は，首相または下院議員の過半数の要求に基づき，大統領が召集する。会期不継続の原則はない。下院では議員の任期（解散がなければ5年）を一立法期とし，議案は立法期中継続する。一方，上院には立法期の考え方はなく，議案は原則としていつまででも継続する。

③議会・会派　憲法の規定により議員と閣僚の兼職が禁止されている。そのため閣僚に任命された議員は，議員を辞職しなければならない。その代わりに，選挙の際にあらかじめ指名された後任補充候補者が議員となる。なお，議員は，欧州議会議員，州議会議員，県議会議員，市町村長等の職のうち，いずれかひとつに限って兼務が可能である。

会派の結成には下院では20人以上，上院では15人以上の議員が必要であり，会派に対しては，所属議員数に比例した会派補助が与えられる。

会派別議席数は次の通り（協同議員，関係議員を含む）。

国民議会（下院）（2007年12月現在）	
国民運動連合	318
社会党	203
共産党	24
環境保護派	22
無所属	8
（欠員）	2
計	577

元老院（上院）（2007年11月現在）	
国民運動連合	159
社会党	96
中道連合	30
欧州社会民主連合	16
共産党系	23
無所属	6
（欠員）	1
計	331

④**議院運営機関**

議長は多数党から選出され，党籍離脱は行わない。議長は，表決権を行使しないことが慣例となっており，決裁権もない。

議院の運営は，議長，副議長（下院6人，上院4人），会計役議員（下院，上院とも3人），書記役議員（下院12人，上院8人）が議院理事部を構成し，これが議会の運営にあたる。副議長，会計役議員および書記役議員は，各会派への比例配分により選出される。

議事日程の決定は，議長，副議長，各委員長，各会派の長，政府代表等で構成する議事協議会が行う。

（3）立法手続きの概要

①**法案の提出**　法案には，政府提出法案（提出者は首相）と議員提出法案がある。

年間の提出法案数は約300〜400件で，その8割程度が議員提出法案である。しかし，成立する法案は政府法案が圧倒的に多い。議員は一人でも法案を提出できるものの，歳入の減少または歳出の増加を伴う法案は受理されないなどの制約がある。

②**委員会審査**　受理された法案は，議長により常任委員会または特別委員会に付託される。

現行憲法は，常任委員会を各議院6に制限し，法案審査は原則として特別委員会で行うと規定している。これは，専門化した行政監督などの強い権限を持

つ委員会は法案審査の効率を害する等の理由による。だが実際には，ほとんどの法案が常任委員会で審査される。また，より専門的な審査を行うために，非公式の小委員会を設置する例も多数ある。委員会は，政府と与党との協議の場といわれ，与党議員の提案に基づき法案修正が行われる。

③**本会議**　委員会審査を終了した法案は，本会議の議事日程に記載される。

議事日程の決定については政府に優先権があり，政府提出法案を優先的に審議する。

政府提出法案の本会議審査は，委員会修正案でなく政府原案に基づき行われる。法案を付託された委員会の委員の中から選ばれた報告者が，委員会審査の結果を報告するとともに委員会修正案を提案し，審議を主導する。

本会議では，政府，委員会および議員から多くの修正案が提出される。しかし，議員提出の修正案（特に野党議員提出のもの）が本会議で可決される可能性は低い（政府修正案は約9割，委員会修正案は約8割が採択される）。

表決には挙手，起立，記名表決の3種類がある。なお，下院には電子式投票装置があり，記名表決に使用される。

④**政府の審議促進手段**　政府は，政府が提出しまたは受け入れた修正案のみを取り入れて，法案の「一括表決」を求めることができる。

下院においては，政府は法案の可決に信任をかけることができる。この場合，政府不信任動議が可決されない限り法案は可決されたものとみなされる。

⑤**両院関係**　法案について両院の意思が一致しない場合には，原則として，両院が同一の条文を可決するまで，法案は両院間を往復する。

政府は，法案が各議院で2回（政府が緊急性を宣言したときは各1回）審議された後に，両院協議会（各議院7人の代表で構成）の開催を要求できる。

両院協議会で成案が得られなかった場合や成案が両院の承認を得られなかった場合には，政府は，両院でもう1回ずつ審議を行った後，下院に最終的な議決を要求できる。

⑥**法案の合憲性審査**　議会を通過する法案の件数は年間100件程度で，その8割以上が政府提出法案で占められている。

立法過程

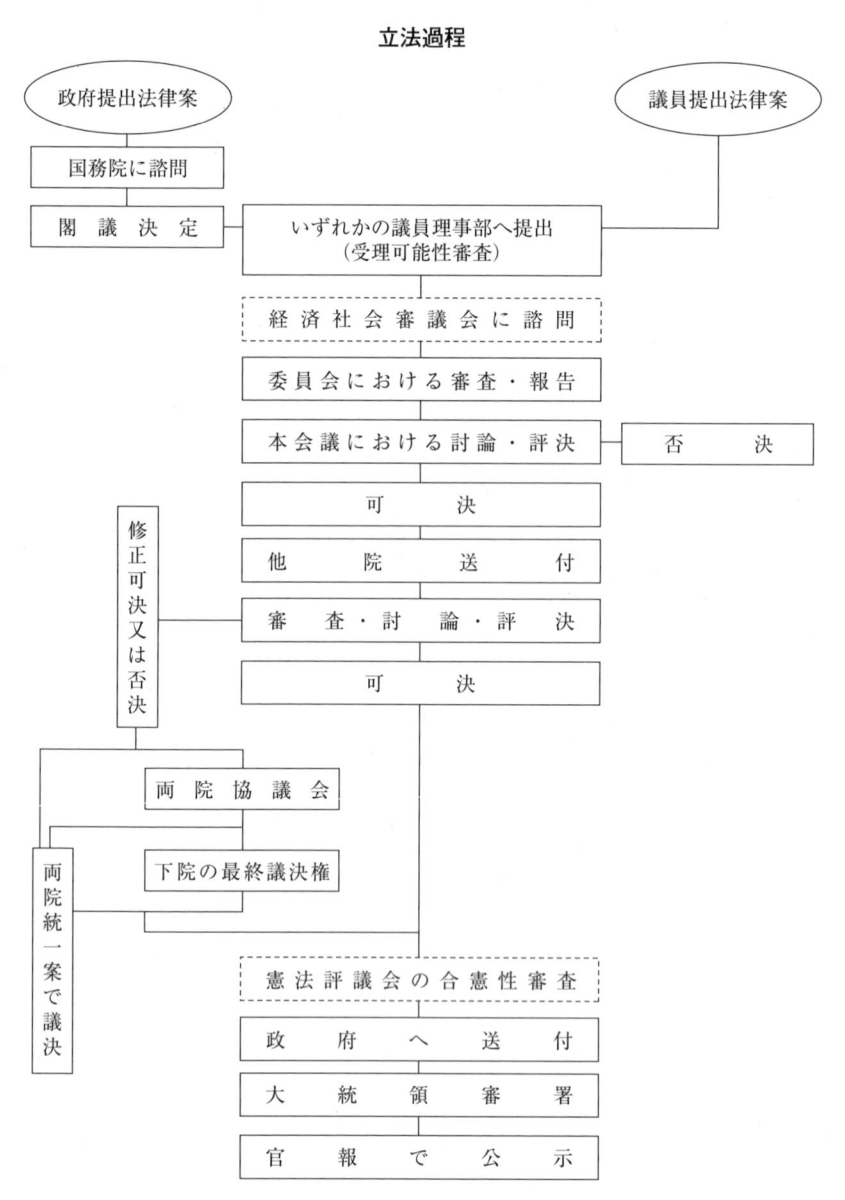

```
政府提出法律案                                    議員提出法律案
     │                                                │
     ▼                                                │
国務院に諮問                                          │
     │                                                │
     ▼                                                │
閣 議 決 定 ──────► いずれかの議員理事部へ提出 ◄──────┘
                      （受理可能性審査）
                               │
                               ▼
                   ┌─ 経済社会審議会に諮問 ─┐
                   └──────────┬──────────┘
                               ▼
                     委員会における審査・報告
                               │
                               ▼
                     本会議における討論・評決 ──────► 否  決
                               │
                               ▼
                            可  決
                               │
                               ▼
                          他 院 送 付
                               │
                               ▼
     ┌──────────────► 審 査・討 論・評 決
     │                         │
  修正可決                      ▼
  又は否決                    可  決
     │                         │
     ▼                         │
   両院協議会 ◄─────────────────┤
     │                         │
     ▼                         │
  下院の最終議決権              │
     │                         │
 両院統一案で議決               │
     │                         │
     └──────────────►──────────┤
                               ▼
                  ┌─ 憲法評議会の合憲性審査 ─┐
                  └──────────┬──────────┘
                               ▼
                         政 府 へ 送 付
                               │
                               ▼
                         大 統 領 審 署
                               │
                               ▼
                         官 報 で 公 示
```

（出所）田口・中谷編『比較政治制度』（法律文化社，2006年），93頁。

成立した法案について，大統領，首相，両院の議長，60人以上の下院議員または60人以上の上院議員は，憲法評議会に合憲性審査を求めることができる。

憲法評議会が違憲を宣言した場合には，その法案は法律として成立しない(ただし，法案の一部のみが違憲とされたときは，その部分を削除して制定することができる)。

憲法評議会の合憲性審査は，議会の少数派にとって，法案の成立を阻止するための有効な手段となっている。

(4) 立法補佐機構

①**議院法制局**(存在しない)**委員会スタッフ**　フランスの議会には，日本の議院法制局に相当する機関はない。委員会のスタッフが議員立法の起草や修正案の作成に関与している。

②**立法担当議員秘書**　上下両院議員には立法調査等に従事する調査助手手当が支給され，月額2万6196フラン（約55万円，1994年現在）の範囲内で各議員は3名までの調査助手を雇用できる。この他，月額2万9701フラン（約62万円，1994年現在）の範囲内で各議員は2名までの秘書を雇用できる。

③**下院・上院事務局の調査・情報部門**　議員の立法調査活動を補佐する機関としては，下院の議事局（Services Législatifs）に調査・資料部（Service des Etudes et de la Documentation），欧州・国際局（Affaires Européennes et Internationales）に欧州部（Service des Affaires Européennes）と国政部（Service des Affaires Internationales），上院の議事局に調査部（Service de Etudes）と欧州部（Service des Affaires Européennes）がある。また，各院に議員用の図書館も置かれている。

下院の調査・資料部は，文化・労働・保険，社会保障，経済・財政・景気分析および法務・行政の四つのセクションから構成される。一方，上院の調査部は地方行政，内外の経済動向調査および科学技術評価に関する三つのセクションから構成される。両部とも議員等の要求に応じて資料，情報の提供を行うほか，一定の問題についての長期または短期の調査研究も実施している。また，

両院の図書館も議員の問い合わせに応じて調査・情報提供を行っている。

下院の欧州部および国際部並びに上院の欧州部は、議員の立法調査活動の補佐を主たる職務とする部局ではない。しかし、欧州共同体その他の国際機関および諸外国に関する情報資料を収集・整備し、議員その他からの要求があれば情報を提供している。

フランス下院会議場（リュクサンブール宮殿）

④**会派補助**　フランスでは政党に対する国庫補助制度のほかに、議会両院の各会派に対し、その所属議員数に応じてスタッフの雇用および事務室費用の補助が行われている。この会派補助の額は上院の場合不詳であるが、下院では年間総額3808万6000フラン（約8億円、1994年現在）である。また、スタッフの社会保険料の一部補助も行われている。

3　議会情報の発信

（1）　フランスの元老院図書館と国民議会図書館

①**元老院図書館**　元老院図書館の歴史は古く、その起源はナポレオンの帝政時代にまで遡ることができる。そのため、元老院図書館にはフランス革命時代以後の貴重な政治史関係の資料がかなり所蔵されている。

図書館業務が開始されたのは、第3共和制の時代からである。フランスにおける議会制度の発展とともに、議会の議事録の収集・整理が行われるようになり、元老院議員に対する図書の貸出サービスも開始され、特に政治および法律関係の図書は広範囲に及び、集中的に収集された。その結果、1875年以降、法律、政治、歴史、地理および人口統計関係の図書が辞書や百科事典とともに増大し、図書館資料の中心となった。

その後、1974年に、元老院図書館の資料収集の改革が行われ、現在では、60万冊の図書および650タイトルにおよぶ内外の定期刊行物を所蔵するようになった。

元老院図書館は、議員、元議員、元老院の委員会スタッフおよび特に許可さ

れた研究者に対してサービスを提供するものであって、図書の貸出は、議員と元老院の委員会スタッフに限られている。議会関係者以外の利用者のための特別閲覧室はないが、しかし、議会の閉会中に限り、土曜日または月曜日に閲覧室を利用できる。なお、元老院図書館は、国民議会図書館および国立図書館と相互貸出協力を行っている。

元老院図書館は、直接には一般国民に対して広報サービスをしていない。ただし、大統領府の総務課で、元老院の本会議および委員会の審議の模様を紹介する『週間情報速報』を発行している。

元老院図書館の職員は、5名の上級専門員、10名の中級専門員の定員15名から構成されている。上級専門員は、大学院卒の各分野の専門調査家であり、中級専門員は、図書館司書、秘書、補助職員などである。

議員および委員会からの調査依頼に対して、図書館では、元老院のほかの部局——立法研究課、情報係、地方政府課、欧州問題課——と協力してのレファレンス・サービスを提供している。

②**国民議会図書館** 国民議会図書館は、1911年に創設された国民議会の図書部の一課から、1932年に「外交文書部」として出発した。従って当初は、外交文書の収集が中心であった。しかし、その後議員および委員会スタッフの調査依頼に対応して、しだいに図書館的な機能を担うようになってきた。外交文書部の業務が増大したので、1983年に機構改革が行われ、現在外交文書部は、外交研究および文書課と国際問題および欧州問題課の二課から構成され、もっぱら国民議会議員と欧州議会議員からの調査依頼に応じている。なお、外部の研究者も許可を得て、外交文書部の資料を利用することができる。現在、外交文書部の定員は25名で、その中で14名は上級専門員である。

(2) 国民への議会情報などのサービス

元老院図書館と国民議会図書館（外交文書部）は、特にこれといった国民向けの議会情報を提供しているわけでない。周知のように、フランスには国立図書館があり、そこでは議会関係の資料の提供および議会に関するレファレンス

・サービスに対応している。なお，既述のように，元老院図書館と国民議会図書館（外交文書部）は，大学および研究者には，所蔵する資料を特別に許可した者に限ってその利用を認めている。

（3） 議会図書館の電子情報発信機能

図書館内部の電子情報として，図書館の公文書課が元老院の議事録を分析し，元老院議員の書面による質問とともに，これを CITERE データベースに入力している。元老院図書館は，フランス議会および外国の議会に関する審議と資料をこのデータベースを通じて議員および議会関係者に提供している。また，元老院図書館では，多くの外部のデータベースとアクセスして，議員と委員会のスタッフに情報を提供している。

一方，国民議会図書館（外交文書部）では，1988年のはじめ以来，自前のデータベース＝MINITEL の開発を進めており，外交文書部が受け入れた主要な資料の分析および調査のために利用している。また，外交文書部では，内外の多くの外部データベースを利用しており，その中には例えば，POLIS, CELEX, CHRONOS などがある。

4 おわりに

フランスでは，議会図書館の議員への情報発信機能と国民への議会情報発信機能との関係について，議員に対する議会図書館の情報発信機能は特に進んでいるというわけではない。その理由の一つとして，フランスにおける議員と官僚の社会的地位が挙げられ，フランスでは，一般に議員の社会的地位は官僚に比べると低く，立法作業についても，わが国以上に官僚主導で行われているという背景がある。

他方，国民に対する議会情報発信機能についても，米・英・カナダ・ドイツなどの国々の議会図書館と比べると図書館それ自体の規模が小さく，議会図書館が一般国民に対して大きな役割を果たしているとは必ずしもいえない。むしろ，議会情報の発信機能は，国立図書館が担っているといってよい。その意味

で，フランスの議会図書館は，もっぱら議員に対するレファレンス・サービスに徹しているといえる。

〈コラム①　立法権の制限〉

議会で立法の対象となるのは，法律事項と命令事項に区別される。議会が立法できるのは前者のみで，後者はデクレによって規定される。この区分は第5共和制に固有のもので，他の時期や他の国には類例はない。国会の立法権は，大きく制限され，議会に対して政府が優位に立っている。

〈コラム②　議会に対する政府の権限〉

政府は対議会との関係で多くの議会活動統制権限と多様な立法権限を有する。例えば，①議会の議事日程の先議権，とくに法律案審議順序の決定権，②政府法律案の提出権，③法律事項を通常の立法手続きによらないで「オルドナンス」で定める権限，④デクレ制定権の行使など。

第5章　カナダ

カナダ国会議事堂

1　はじめに

　カナダは現在，10の州と3つの準州からなる連邦国家であり，英国女王のエリザベスⅡ世を元首とする立憲君主制国である。そして日本と同様に，政治体制としては議院内閣制を採用している。

　カナダは，もともと英国の植民地であった。しかし1867年，英国はケベック，オンタリオなど四つの州を自治領として承認し，まずカナダ連邦が成立した。ついで1926年，英国は他の州を加えて完全な自治を認め，1931年には主権国家として英連邦に加わることを承認した。そして国の正式の名称をカナダとしたのである。

　すでに述べた通り，カナダの元首は英国女王であるエリザベスⅡ世である。ただし，その代理として首相が推薦して女王が任命する「総督」がおかれ，現在はロメオ・ルブランがその職についている。

　女王の名代として総督は，下院の多数派指導者を首相に任命するものの，他の国事行為などはすべて内閣の助言に従う。総督はその他に，各選挙後に連邦議会を召集し，議会開院式の勅語において政府の目標を表明し，また上院と下院が可決した議案を承認するなど「象徴的権限」のみを付与されている。

　カナダといえば，すぐにケベック州の分離独立問題を想起する。実際，ケベック州ではフランス語を話す住民が約80％を占めており，1960年代から分離独立要求が顕在化し，それはカナダの内政を揺るがす大きな政治問題となっている。

　これに対応して，カナダ政府は69年に制定された公用語法により，「二言語主義」を採用し，英語とフランス語が平等な地位と権限を持つ公用語であるこ

とを宣言した。

　カナダでは，1993年11月以来，ジャン・クレティエン首相が率いる自由党が政権の座にあり，1997年の総選挙でもかろうじて勝利を収めた。次の1997年6月2日の総選挙では，政権党の自由党は下院定数301議席の過半数をわずかに超える155議席にとどまった。自由党は選挙前の議席から20も後退し，支持地域のバラツキが従来よりも明白となるほどの苦戦をしいられ，いわば"辛勝"に終わった。

　今回の総選挙の結果は，クレティエン政権が必ずしも国民の多数派から全面的な信頼を得ていないことを示したといえる。総選挙での争点は，ケベック分離独立問題とクレティエン首相が推進してきた行財政改革による財政赤字削減案であった。

　まず，分離問題をめぐっては，分離推進派がやや衰えたことも反映して，ケベック連合は55と議席を減らしたものの，財政再建に関しては右派と左派の両陣営から強い批判を浴び，与党自由党が議席を大きく減らす最大の要因となった。

　自由党のクレティエン政権は，1996年に続いて2000年の総選挙でも勝利を収めた。カナダにおいて，3期連続で政権を担うのは第2次世界大戦後初めてのことである。長期政権に対する国民の飽きが生まれる中で，クレティエン首相は2002年6月に後継首相の最有力候補のマーティン総務相を解任した。このため，クレティエンの強権的な政治手法に国民の批判が高まり，自由党の党首交代が行われ，03年12月にクレティエンは退陣し，マーティンが首相に就任した。

　しかし，その後，国民の間で自由党政権の腐敗イメージが強まり，04年6月の総選挙において自由党の議席は過半数に届かず，マーティン政権は少数与党に転落した。続く，06年1月の総選挙では保守党が勝利，2月にハーパー党首が首相に就任し，ここにカナダでは12年ぶりに保守党政権が誕生したのである。

2　カナダの議会

(1)　政治制度の概要

　カナダは，米国と同様に，英国の植民地であった地域がまとまってできた連邦制国家である。しかし，米国が英国との戦争を経て独立を達成したのに対し，カナダは英国領としての地位を保ちながら，徐々に国内の政治制度を整備し自治権を拡大する道を選んだ。連邦制国家としてのカナダが成立する以前から，後にカナダの各州となる各々の植民地では，国王の代理人である総督の下で，英国流の議院内閣制が行われていた。

　1867年に連邦制国家カナダが成立し，連邦レベルにおいても英国流の政治制度が採用された。すなわち，1867年憲法は，国家元首である英国王の代理人として連邦総督を置き，総督の任命による上院と選挙による下院の二院で構成される二院制議会を設置することを規定した。また，憲法慣習に基づき，議会に対して責任を負う内閣が任命され，実際の行政権は内閣に帰属することとなった。

　このように，カナダの政治制度の特色は英国と類似性がみられるものの，一方で米国に倣った連邦制を採用したため，英国とまったく異なる点もある。例えば，各州は憲法の規定により，州組織や州における財産権などについて専属的立法権限を有し，連邦議会は，州の専属権限に含まれない事項においてのみ立法権を行使することができる。

(2)　連邦議会の組織と運営

　①**議員定数および任期**　連邦議会は上院および下院の二院により構成されている。

　上院(Senate)　定数は104人で，州別議席配分は次の通りである。

地域と州	上院	26条による追加議員	下院
西部カナダ	24		
ブリティッシュ・コロンビア	6		36
アルバータ	6	(2)	28
サスカチュワン	6		14
マニトバ	6		14
オンタリオ	24	(2)	106
ケベック	24	(2)	75
沿海部カナダ	24		
ニューブランズ・ウィック	10		10
ノバ・スコシア	10	(2)	11
プリンス・エドワード島	4		4
ニューファンドランド	6		7
準州			
ユーコン	1		1
北西準州	1		1
ヌナブット	1		1
合計	105	(プラス8)	308

（出所）　田口富久治・中谷義和『比較政治学序論』（法律文化社，2006年），175頁。

　上院議員は任命制で，実質的には首相により，形式的には総督により任命される（ケベック州だけは24の上院選出区から1名ずつ任命される）。上院議員となるためには，①30歳以上で，②任命される州内に居住し，③州内に4,000ドル以上の価値のある不動産を所有していなければならない。任期はないが，75歳定年制が定められている。上院議員が所属政党の立場に立って行動することはあまりなく，上院の政治的色彩は薄い。党派別議席数は以下のとおりである。

（2007年3月現在）

	自由党	62
	保守党	23
	進歩保守党	3
	新民主党	1
	無所属	4
	（欠員）	12
	計	105

下院(House of Commons)　定数は301人で，直接選挙(北西準州を除き小選挙区制)により選出される。議席は人口に比例して各州に配分されるが，人口の少ない州への配分議席はその州の上院議員の議席数を下回ってはならないと規定されている。選挙権年齢，被選挙権年齢はともに18歳である。

　任期は5年である(解散が行われる場合を除く。実際には憲法慣習として4年以内に解散が行われることが多い)。

　党派別議席数は以下のとおりである。

(2007年12月現在)

保守党	125
自由党	96
ケベック連合	49
新民主党	30
無所属	4
(欠員)	4
計	308

　②両院の権限の差異　議院内閣制の憲法慣習に基づき，内閣の信任および不信任の議決権は下院に属する。内閣は下院のみを解散することができる。

　両院の立法に関する憲法改正法案に関しては，次の2点を除き平等である。すなわち，

　　①歳出法案および租税または課徴金の賦課に関する法案について，下院の先議権が認められている。

　　②一定の事項に関する憲法改正法案に関しては，下院通過後180日を経ても上院が法案を可決しない場合，下院の再議決により法案が議会を通過したものとみなすことができる。

　③会期　議会の召集は，内閣の決定に基づき，総督が行う。英国と同様に，会期は毎年秋に開会され，翌年の会期の直前まで継続するのが普通である(ただし，実際の審議は6月ないし7月に終了し，次の会期まで夏期休会となる)。会期不継続の原則を採用しており，原則として，議案は会期終了時に廃案となる。

④議長・副議長

・上院　上院議長は、議会期（下院選挙後解散が行われるまでの期間）ごとに、総督が議員の中から任命する。英語、仏語を話す者を交互に任命する例(ならわし)である。

・下院　下院議長は、議会期を任期として、下院議員の選挙により選ばれる。上院議長と同様に、英語、仏語を話す者を交互に任命するのが原則である。また、議長が英語を話す場合には仏語を話す者、逆の場合には英語を話す者を副議長に任命することになっている。

カナダ下院本会議場

(3) 立法手続きの概要

①三読会制　カナダ連邦議会における立法手続きは、ほぼ英国の場合と同様である。

法案には、閣僚である議員が提出する法案（内閣提出法案）とその他の議員が提出する法案（議会提出法案）がある。審議は本会議を中心に三読会制によって行われ、まず本会議で法案の朗読（第一読会）および法案の趣旨等についての審議（第二読会）を行った後で、委員会での逐条審査を経て、再び本会議の場で法案の採決を行う（第三読会）。

前述したように、法案審議に関する上下両院の権限はほぼ平等であるため、下院が上院の反対を覆して法案を成立させる手段はない。実際には、上院が下院と政治的に対立するケースは少なく、上院は主として技術的な見地から下院を通過した法案を再検討する役割を果たしている。

両院で可決された法案は、総督の裁可を得て法律となる。

②委員会制度　委員会には、全院委員会、常任委員会、特別委員会および両院合同委員会がある。常任委員会は、英国型の常任委員会とは異なり、米国や日本と同様にそれぞれの所轄事項を有している。

法案は、本会議の第二読会の後、常任委員会で、または必要に応じて全院委員会、特別委員会もしくは両院合同委員会で審査される。しかし、法案の審議

が本会議中心で行われるため，委員会には法案の通過を左右する強い権限はない。

3　議会情報の発信

（1）　カナダの議会図書館と議会調査部

　カナダではすでに植民地時代に，植民地議会の上院と下院に対して議会図書室が図書の貸出およびレファレンス・サービスを行っていた。1867年7月，カナダ植民地はニューブランズ・ウィック州とノバ・スコシア州などを統合してカナダ自治領を形成した。そして，従来から存在した議会議事堂が新しい自治領政府の本拠地となった。

　現在の議会図書館が完成し業務を開始したのは，1876年3月のことで，その建物は大英博物館の閲覧室を模倣したものであるといわれる。議会図書館は上下両院の議長の下で，英国女王によって任命される議会図書館長によって管理・運営されており，現在，議会図書館は61万6千冊にのぼる図書を収集し，その他に多数の雑誌，定期刊行物，マイクロフィルム，ビデオテープを所蔵し，また機械化された情報検索を通じて各種のレファレンス・サービスを行っている。

　議会図書館は，議会の上院および下院，議員およびその秘書，議会の委員会スタッフ，並びに議会の関係機関に対して，図書情報，参考図書を提供し各種の調査依頼に対応しサービスを提供している。議会図書館はまた，議事堂内にある広報室（パブリック・インフォメーション・オフィス）の業務についても共同で責任を持っている。議会図書館の機構は，館長，副館長以下，3部門から構成されている。すなわち，議会調査部（経済課，科学および技術課，政治および社会問題課，法律および政府課），情報および技術サービス部（国民奉仕課，収集課，目録課，システム課，教育および参観サービス，議会案内），と管理および人事部である。職員の配置は，議会調査部の総数が84名，調査および技術サービス部の総数が164名，そして管理および人事部の総数18名の合計240名となっている。『議会図書館年報』によれば，1996～1997年の間に議会

調査部が2,978件，そして情報および技術サービス部が9万5596件のレファレンスを処理している。

議会調査部（Parliamentary Research Branch：PRB）は1965年に創設され，法律および政府，経済，社会科学，自然科学および科学技術の各分野において，広範な公共政策に関連した主題を専門とする60名の専門家によるサービスを，上院および下院議員など議会関係者に提供している。

議会調査部の各課に配属されている職員は，最低でも修士号あるいはそれと同等の学歴を有し，その多くは大学，役所および民間企業において教授職，専門職および重要な研究職に就いていた専門家である。議員に対するすべてのレファレンス・サービスは，敏速にかつ非党派的な立場から，厳密な機密を保持して行われる。

議会調査部は議員の要求に応じて，例えば「先住民族問題」から「退役軍人の問題」に至るまで，多様な公共政策にわたって議員を補佐して演説草稿，法案の起草などのサービスに努めており，また議員の調査依頼に対応して，政府に関する情報，統計，立法，政策などに関連した包括的な情報とその分析にあたり，電話および書面によるサービスを提供するとともに，議員の要請があれば議員会館で説明を行い，また議員が主宰するセミナーにも参加する。

『議会図書館年報』によれば，議会調査部は議会関係者からの調査依頼に応じて，1996〜1997年に2978のレファレンスを処理した。その内訳は，次のようになっている。

・議会の各委員会への回答…………56%
・議員個人への回答………………… 25%
・公刊物計画のための調査回答…… 7%
・議会事務局および会派への回答… 7%
・その他…………………………… 1%

なお，議員への情報提供の主なものとして，つぎのようなものがある。

資料の提供　議会調査部では，「カレント・イッシュー・レビュー（CIR）」「レジスティブ・サマリー（LS）」，「バックグランド・ペイパーズ（BP）」およ

び「ミニ・レビューズ（MR）」の4種類の資料を公刊して，議員の立法を補佐するためのサービスを行っている。

ちなみに，CIRは，時事問題の争点に関して簡潔に記述した小冊子であり，96～97年には10冊発行した。

電子情報　電子情報は議員に最もよく利用されており，その主なものとして，議会図書館のオンライン目録であるPAQRLCAT，議会図書館のCD-ROMネットワークであるPARLCDがある。

（2）　国民への議会情報などのサービス

議会図書館による国民向けの情報提供は，主として情報部および情報サービス部の国民奉仕課が中心となって行っている。国民奉仕課が国民に提供する情報には，次のものがある。

・カナダ議会についての質問への回答。
・議会に関する説明書，小冊子およびパンフレット。
・現在議会で問題となっている事項に関する解説書とその作成。
・議事堂の設計および参観計画。
・団体見学の予約と見学案内。
・下院への一般傍聴の予約。
・記念品と記念品販売。

なお，議事堂内にある広報室であるが，そこには現在6名の職員が配置されており，その主たる役割は議会情報について国民からの電話や手紙による調査依頼に応じている。調査依頼の内容は，議会の仕組みと役割，法案制定，カナダ政府などについて，とくに学校や教師が学生に教育するさいの問い合わせが中心となっている。

カナダには議会図書館とは別に国立図書館があり，そこには議会関係の資料，本会議議事録，委員会議事録などが備えられており，一般の国民はそれを利用できるし，また議会に関するレファレンスに応じており，一般の国民に対して各種の議会情報を提供している。

第5章　カナダ

（3）　連邦図書館の電子情報発信機能

議会図書館が提供する電子情報サービスには，次のようなものがある。

・「**PARLCAT**」　議会図書館のオンライン目録である PARLCAT は，図書館が所蔵する図書，逐次刊行物，雑誌，視聴覚教材および政府刊行物（議会関係資料を含む）の所在を検索するために利用できる。現在，議会関係者にも PARLCAT が開放されており，これを利用できる。

・「**PARCD**」　PARCD は，議会図書館の書誌関係フルテキストのデータベースであり，CD-ROM のネットワークである。これには，新聞，辞書，統計および定期刊行物の索引が集められ，議事堂の議員会館から容易に利用できる。

・データベース，オンライン・システム，インターネット　情報および技術サービス部では，多様な民間および政府のオンライン・データベースを利用しており，それは広範な質問事項の回答に利用している。最も頻繁に利用されているものを紹介しておくと，「インフォメーション・グローブ」，「インフォーマット・ダイアログ」，「ダウ・ジョンズ」，「レキュス・ネクスト」，「ソウキュズ」および「キュエル」などである。

議会図書館の多くの情報は，議会ウェブサイトによりインターネットを通じて利用できるが，現在，議会調査部では情報技術計画について取り組んでおり，オンラインによる政府刊行物の提供，電子出版物の提供および議会関係資料のインターネットでの利用のための開発を進めている。

データベース，オンライン・システムおよびインターネットのデータ管理などについては，情報および技術サービス部の中のシステム課が一括して管理・運営に責任を持っている。

4　おわりに

議会図書館による議会への情報提供機能と国民への情報提供機能との関係については，すでに述べたように，カナダの議会図書館において，議会への情報提供機能は，情報およびサービス部の協力を得て，主として議会調査部の各課

が対応している。一方，国民への情報提供機能は，広報室との協力により，主として情報および技術サービス部の国民奉仕課が担当している。なお，国民奉仕課の方は，一般国民向けのサービスを行っているのに対して，広報室の方は学生向けに議会情報を提供しているのが特色といえる。

―― 〈コラム①　議会特権〉 ――

　カナダの議員は数々の特権を持っている。例えば，審議における言論の自由の特権により，議事に関する議員の発言は裁判所その他議会外の場所で詮議をうけない。また，議会での発言によって名誉毀損で訴えられることもない。この他に，議員には，行政事件について不逮捕特権が付与されている（刑事事件は別）。さらに議員は，陪審員を務める義務や裁判所に証人として出廷する義務が免除されている。

―― 〈コラム②　国王の裁可〉 ――

　議会を通過した法律案は，「国王の裁可」に付される。国王の代理である総督は，理論上3つの選択肢をもっている。①裁可を与える（法律案の成立），②裁可を差し控える（法案を拒否），③国王の裁可があるまで法律案を保留する。総督が裁可を与えない場合，国王は2年以内に法律を却下することが可能である。しかし実際には，国王の裁可はいかなる場合も与えられており，これまで成立した法律が却下されたことはない。

〈資料〉
議会制度一覧
　　米国，英国，フランス，ドイツ，カナダ，日本

〈資料〉 米国，英国，フランス，ドイツ，カナダおよび日本の議会制度一覧

国名　　事項	米国 下院	米国 上院	英国 下院	英国 上院	フランス 下院	フランス 上院
1．定数，任期（解散）	435人 2年 （解散なし）	100人 6年 2年毎に3分の1改選	646人 5年 （解散あり）	定数なし 終身 世襲貴族の一部及び終身貴族 2007年12月現在748人	577人 5年 （解散あり）	331人 9年（2004年改選から6年） 3年毎に3分の1改選
2．選挙制度の概要	小選挙区制 被選挙権　25歳 選挙権　　18歳	各州を単位とする小選挙区制 被選挙権　30歳 選挙権　　18歳	小選挙区制 被選挙権　21歳 選挙権　　18歳	成年に達した貴族で構成（世襲貴族，一代貴族，法服貴族，聖職貴族）	小選挙区二回投票制 被選挙権　23歳 選挙権　　18歳	県を単位とする，全下院議員・県会議員と市町村議会議員代表による間接選挙 被選挙権　35歳 選挙権　　18歳
3．議長，副議長等	○議長 （仮議長）	○議長は副大統領が務める ○仮議長 （仮議長代行）	○議長（党籍離脱） ○副議長（3人） （歳入全院委員長と2人の歳入全院委員長代理）	○大法官（政府閣僚） ○副議長（全院委員会が務める）	○議長 ○副議長（6人） ○会計役議員（3人） ○書記役議員（12人）	○議長 ○副議長（4人） ○会計役議員（3人） ○書記役議員（8人）
4．議長，副議長等の会派間の配分	多数党独占	仮議長等は多数党独占	○議長（選出時＝与党） ○歳入全院委員長→与党	○大法官＝与党 ○副議長→与野党及び中立議員に配分	○議長→第一会派 ○副議長，会計役議員，書記役議員→各会派比例割り当て	○議長→第一会派 ○副議長，会計役議員，書記役議員→各会派比例割り当て
5．議院運営機関	○議長 ○多数党院内総務（多数党政策委員会） ○規則委員会 ○下院運営委員会	○議長（副大統領）（仮議長） ○多数党院内総務（多数党政策委員会） ○規則・運営委員会	○議長 ○院内総務（政府閣僚） ○与党院内幹事長（→野党院内幹事長と協議） ○下院理事会 ○下院財務・事業委員会	○大法官（政府閣僚） ○院内総務（政府閣僚） ○与党院内幹事長（→野党院内幹事長と協議） ○上院事務局に関する委員会	○議長 ○議院理事部（＝議長，副議長，会計役議員，及び書記役議員で構成） ○議事協議会（＝議長，副議長，常任・特別委員長，会派の長，予算委総括報告者及び政府代表で構成）	○議長 ○議院理事部（＝議長，副議長，会計役議員，及び書記役議員で構成） ○議事協議会（＝議長，副議長，常任・特別委員長，会派の長，予算委総括報告者及び政府代表で構成）

〈資料〉 議会制度一覧　米国，英国，フランス，ドイツ，カナダ，日本

ドイツ		カナダ		日本	
連邦議会	連邦参議院	下院	上院	衆議院	参議院
614人（基本定数598人） 4年 超過議席が生じる場合あり （解散あり）	69人 任期不定 （各州が任命）	308人 5年 （解散あり）	105名 議員の任期は75歳まで	480人 （公選法4） 4年 （憲法45） 解散あり （憲法7，69）	242人 （公選法4） 6年 （憲法46） 3年毎に2分の1改選 （憲法46）
小選挙区比例代表併用例 被選挙権　18歳 選挙権　　18歳	各州政府代表 （首相その他の閣僚3～6人）により構成	小選挙区制 被選挙権　18歳 選挙権　　18歳	任命制 被選挙権　30歳	小選挙区比例代表並立制 比例区　180人 選挙区　300人 （公選法4） 被選挙権　25歳 （公選法10） 選挙権　　20歳 （公選法9）	比例区　100人 選挙区　152人 （公選法4） 被選挙権　30歳 （公選法10） 選挙権　　20歳 （公選法9）
○議長 ○副議長（4人） ○書記役議員（19人）	○議長 ○副議長（3人）	○議長 ○副議長	○議長（総督による任命制） 定年75歳	○議長（党籍離脱） ○副議長（党籍離脱）	○議長（党籍離脱） ○副議長（党籍離脱）
○議長→第一会派（与党） ○副議長5人は，すべての会派に1人ずつ配分	各州首相の持ち回り（一年交替）	多数党	多数党	○議長→与党第一会派 ○副議長→野党第一会派	○議長→与党第一会派 ○副議長→野党第一会派
○議長 ○議長・副議長会 ○長老評議会（＝議長，副議長，各会派の勢力比による会派代表23人及び連邦政府代表で構成）	○議長 ○議長・副議長会 ○常任理事会（＝各州代表で構成）	○議長	○議長	○議長（憲法58，国会法16,17） ○議院運営委員会（国会法41）	○議長（憲法58，国会法16,17） ○議院運営委員会（国会法41）

事項	米国 下院	米国 上院	英国 下院	英国 上院	フランス 下院	フランス 上院
6．両院の権限の差異	○歳入法案及び歳出予算法案の先議権（弾劾訴追権）	○条約締結承認権 ○官吏任命同意権（弾劾審判権）	○金銭法案の先議権 ○金銭法案の再議決権（上院送付後1ヶ月） ○その他の法案の二会期連続可決権（前回可決後1年） ○内閣不信任決議権	○金銭法案の否決権（修正権なし） ○法案の成立引き延ばし権（金銭法案は1ヶ月，その他は1年） ○国の最高裁判所	○予算法案の先議権 ○両院協議会を開いても両院の意見が一致しない法案の再議決権 ○内閣不信任決議権 ○臨時会召集要求権	
7．両院関係（議決が一致しない場合）	○両院協議会 ○両院間を往復する場合もある		○原則として両院間を往復 ○下院による金銭法案の再議決又はその他の法案の二会期連続可決により下院の議決が優先		○原則として両院間を往復 ○両院協議会（政府のみに招集要求権有り） ○下院による法案の最終議決（政府のみに要求権有り）	
8．会期制度	・1議会期は2年で，西暦奇数年の第一会期と西暦偶数年の第二会期に分かれている。（年1回常会制） ・毎年1月になんらの召集行為もなく当然に集会し，10〜11月頃まで継続する。ほぼ通年会期制。（閉会中，大統領に臨時会召集権あり）		1議会は最長5年で数会期に分かれる。総選挙の年を除き，会期は11月初旬に始まり，翌年の10月末まで1年間継続する通年会期制。（常会，臨時会の区別なし）会期の召集，閉会は国王の大権に属する。		1議会期は最長5年。（ただし，上院には議会期の概念なし）年1回常会制（10月の最初の平日から6月の最後の平日まで）で，当然集会主義。臨時会あり（首相または下院議員の過半数の要求により大統領が召集及び閉会を行う）。	

〈資料〉 議会制度一覧　米国，英国，フランス，ドイツ，カナダ，日本

ドイツ		カナダ		日本	
連邦議会	連邦参議院	下院	上院	衆議院	参議院
○全法案の先議権 ○連邦参議院の同意を要しない法案の再議決権 ○連邦首相不信任決議権	○連邦参議院の同意を要する法律の拒否権 ○連邦政府提出法案に対する意見表明権（連邦議会への提出前） ○立法緊急状態	○内閣の信任及び議決権 ○歳出，租税，課税等に関する法案の議決権 ○憲法改正法案の優先議決権		○予算の先議権及び自然成立（30日）（憲法60） ○法律案の再議決（憲法59） ○条約の自然承認（30日）（憲法60，61） ○内閣総理大臣指名議決の優先（憲法67） ○内閣不信任決議権（憲法69） ○会期の議決優先（国会法13）	○緊急集会（憲法54）
○両院協議会 ○連邦参議院の同意を要する法律に対する連邦参議院の拒否→不成立 ○連邦参議院の同意を要しない法律に対する連邦参議院の異議→連邦議会の再議決→成立		下院の議決権が優先，一定の事項に関する憲法改正案は下院通過後180日以内に上院が可決しない場合には下院で再可決		○両院協議会（憲法59-61，67，国会法84-98） ○参議院の法案再議決（憲法59） ○衆議院の内閣総理大臣の指名，予算，条約及び会期の議決の優先（憲法60，61，67，国会法13）	
1議会期は最長4年。この間は特に会期に分かれていない（非公式には，夏季休会明けの9月から，翌年の6～7月までを1議会年という）。 なお，常置機関である連邦参議院には議会期の概念はなく，毎年11月1日から10月31日までを1職務期という。		秋に開会して翌年まで継続。 会期は内閣が決定。 首相の助言に基づき総督の名で召集される（常会，臨時会の区別なし）		・会期には常会，臨時会及び特別会がある。（憲法52-54） ・常会は毎年1月中に召集され，会期は150日間。（憲法52，国会法2，10） ・臨時会は，内閣が特に必要と認めたとき，各院の議員の4分の1以上の要求があったとき，衆議院議員の任期満了総選挙後及び参議院議員の通常選挙後に召集される。（憲法53，国会法2の3，3，11） ・特別会は衆議院解散後の総選挙後に召集される。（憲法54，国会法2の2，11） ・召集はいずれも内閣の助言と承認に基づき天皇が行う。（憲法7）	

国名 事項	米国 下院	米国 上院	英国 下院	英国 上院	フランス 下院	フランス 上院
9．会期不継続の原則	なし（議案は会期を超えて継続するが，議会期を超えて継続しない）	なし（議案は会期を超えて継続するが，議会期を超えて継続しない）	あり（議案は原則として閉会により消滅する。ただし特に議決された場合は，継続する）	あり（議案は原則として閉会により消滅する。ただし特に議決された場合は，継続する）	なし（議案は議会期中継続する。なお，上院には議会期の観念がなく，議案は原則としていつまでも継続する）	なし（議案は議会期中継続する。なお，上院には議会期の観念がなく，議案は原則としていつまでも継続する）
10．法案提出権	○上下両院議員のみ　但し，大統領には教書による立法勧告権がある。また，政府各省庁は所管委員会の委員長あるいは少数党筆頭委員等に法案の提出を依頼する。	○上下両院議員のみ　但し，大統領には教書による立法勧告権がある。また，政府各省庁は所管委員会の委員長あるいは少数党筆頭委員等に法案の提出を依頼する。	○上下両院議員のみ　・政府提出法案－閣僚等の政府の官職にある議員がその肩書をつけして提出した法案　・一般議員提出法案－政府の官職に就いていない議員が提出した法案	○上下両院議員のみ　・政府提出法案－閣僚等の政府の官職にある議員がその肩書をつけして提出した法案　・一般議員提出法案－政府の官職に就いていない議員が提出した法案	○首相（政府提出法案）○上下両院議員（但し，歳入の減少または歳出の増加を伴う法案は受理されないなどの制約あり）	○首相（政府提出法案）○上下両院議員（但し，歳入の減少または歳出の増加を伴う法案は受理されないなどの制約あり）
11．立法手続の概要	三読会制（ただし形式化）○（第一読会＝省略）直ちに委員会付託○委員会（公聴会，逐条審査）○本議会○全院委員会における一般討論○第二読会（全院委員会における修正）○本会議○第三読会○最終表決	三読会制（ただし形式化）○（第一読会，第二読会＝省略）直ちに委員会付託○委員会（公聴会，逐条審査）○本議会（討論，修正）○第三読会○最終表決	三読会制○第一読会（法案提出）○第二読会（一般討論）○委員会階段（全院委員会または常任委員会による審査，修正）○報告階段（本会議による委員会修正の審議）○第三読会（最終討論・表決）	三読会制○第一読会（法案提出）○第二読会（一般討論）○委員会階段（全院委員会による審査，修正）○報告階段（本会議による委員会修正の審議）○第三読会（最終討論・表決）	○委員会（審査，修正）○本会議（一般討議，逐条審議,最終表決）	○委員会（審査，修正）○本会議（一般討議，逐条審議,最終表決）

〈資料〉 議会制度一覧　米国，英国，フランス，ドイツ，カナダ，日本

ドイツ		カナダ		日本	
連邦議会	連邦参議院	下院	上院	衆議院	参議院
なし（会期制度がなく，議案は議会期中継続する）	なし（職務期の終了は議案に影響を及ぼさない）	あり		あり（国会法68）ただし閉会中審査制あり（国会法47）	
○連邦政府○連邦議会議員（但し，会派または会派結成に必要な議員数34人以上の署名を要する）○連邦参議院（各州）		○上下両院議員のみ・大臣が提出する法案（政府法案）・一般の議員が提出する法案（下院議員法案，上院議員法案）		○内閣（憲法72，内閣法5）○両院の議員（但し，通常の法案の場合は衆議院20人以上，参議院10人以上，予算を伴う法案の場合は衆議院50人以上，参議院20人以上の賛成者が必要）（国会法56）	
三読会制○第一読会（趣旨説明，一般討論）通常省略○委員会（審査，修正）○第二読会（逐条審議）○第三読会（最終討論・表決）95年の改革により第二読会以降の討論は通常省略。なお，条約の審議は二読会制	○委員会（審査，修正）○本会議（討論，表決）	三読会制○第一読会（法案の朗読）○第二読会（法案の審議）○委員会段階（全院委員会における審査・修正）○第三読会（法案の採決）	三読会制○第一読会（法案の朗読）○第二読会（法案の審議）○委員会段階（全院委員会における審査・修正）○第三読会（法案の採決）	○委員会（審査，修正）○本会議（討論，表決）	○委員会（審査，修正）○本会議（討論，表決）

国名　　事項	米国		英国		フランス	
	下院	上院	下院	上院	下院	上院
12．委員会制度	○常任委員会は下院に20，上院に16設置されている。 ・所管はほぼ事項別 ・各委員会はさらに数個の小委員会を設置している。 ○特別委員会は通常は法案審査を行わず，一定事項の調査をその任務とする。 ○下院のみに全院委員会の制度がある。 ○両院で構成する委員会には，両院協議会の他，共通の関心事項を調査するための両院合同委員会（2001年現在3）も設置されている。		○歳出予算法案その他の重要法案は，全院委員会で審議する。 ○常任委員会には一定の所管事項がなく，付託された法案毎に委員長及び委員が任命される実質的特別委員会（設置順にA，B，C，‥の名称が付される），各地方選出議員により構成されその地方に専ら関わる議案を審査する委員会（スコットランド大委員会等）とがある。 ○特別委員会には，常設のものと，議会期または会期毎に設置されるものとがある。法案審査は行わない。 また，1979年の改革で各省庁の行政を監督する12の省庁別特別委員会（現在17）が設置された。 ○両院合同委員会あり	○法案は通常全院委員会で審議する。特定の法案を審査するために下院の常任委員会（A，B，C，‥委員会）と類似の公法律案委員会が設置されることもあるが，この制度はほとんど利用されていない。 ○特別委員会は，概ね会期毎に設置される。 ○なお，上院が国の最高裁判所としての権限を有し，この機能を果たすため，上告委員会と控訴委員会の特別委員会が各々2つ置かれている。	○常任委員会の数は，憲法により各院6に制限されている。 ・所管は事項別である。 ○特別委員会は，特定の法案審査を行うため設置される。 ○調査委員会は，国政調査のため設置される。 (注) 憲法が常任委員会の数を6に制限したのは，イギリスのように法案毎に委員会を設置して審査を行う趣旨であったが，実際には特別委員会の制度はほとんど利用されず，常任委員会での法案審査が実態となっている。 ○両院協議会の制度有り	

〈資料〉議会制度一覧　米国，英国，フランス，ドイツ，カナダ，日本

ドイツ		カナダ		日本	
連邦議会	連邦参議院	下院	上院	衆議院	参議院
○常任委員会は現在23設置されている。所管は省庁別。 ○特別委員会は，特定の案件を審査するため設置される。 ○調査委員会は，国政調査のため設置される。このほか重要問題についての予備調査のため学識経験者も交えて構成される予備調査（アンケート）委員会がある。 ○両院の議員で構成する委員会には，両院調整委員会（＝両院協議会）のほか，基本法その他の法律に基づき設置される防衛事態合同委員会などの合同委員会がある。	○常任委員会は現在16あり，各州の所管大臣が委員となる。 ○特別委員会は必要に応じて設置される	○常任委員会は21設置 ○特別委員会あり ○全院委員会（歳入・歳出） ○両院合同委員会あり ○所管事項を有している	○常任委員会は10設置 ○特別委員会あり ○全院委員会（歳入・歳出） ○両院合同委員会あり ○所管事項を有している	○常任委員会は衆議院に17，参議院に17設置されている。（国会法41） ・所管は省庁別である。 ○特別委員会は衆議院に5，参議院に5設置されている。（第151回国会）（国会法45　院の議決で設置できる） ・各会期毎に設置され，一定事項の調査と付託された法案の審査を行う。 ○参議院では第106回国会から，法案審査を行わずに，長期的視野で付託事項についての調査研究を行うことをその任務とする3つの調査会を設置している。（国会法54の2～4） ○第147回国会から両院に憲法審査会が設置された。（国会法102の6，7） ○両院協議会 （憲法59－61，67，国会法84－98） ○合同審査会 （国会法44・ただし独立の審査機関ではなく両院の常任委員会が合同で行う審査の特別な形態） 国家基本政策委員会は通常合同審査会で開催	

国名 事項	米国 下院	米国 上院	英国 下院	英国 上院	フランス 下院	フランス 上院
13. 常任（特別）委員長の選任	多数党独占	多数党独占	○常任委員会－委員長候補者団（与野党議員で構成）から選任 ○特別委員会－通常は与党議員，但し決算特別委員会は慣例として野党の委員長 ○全院委員会－歳入全院委員長	○全院委員会，公法律案委員会及び全委員会委員長が委員である委員会－全院委員会委員長 ○その他の委員会－与野党及び中立議員を選任	○常任委員会－原則として多数党独占	○常任委員会－各会派比例配分
14. 定足数（本会議）	現在議員数の過半数	現在議員数の過半数	なし (但し，分裂表決の場合—40人)	3人 (但し，分裂表決の場合—30人)	○議事　なし ○議決　現在議員数の過半数（但し，議事堂内にいればよく，議場への出席を要しない）	○議事　なし ○議決　現在議員数の過半数（但し，議事堂内にいればよく，議場への出席を要しない）
15. 定足数（委員会）	○全院委員会　100人 ○常任・特別委員会 ・議事　各委員会が決定（但し制限あり） ・議決　委員の過半数	○常任・特別委員会 ・議事　各委員会が決定（但し制限あり） ・議決　委員の過半数	○全院委　本会議に同じ ○常任委　定数の三分の一または17人のいずれか少ないほう ○特別委　3～9人	○全院委　本会議に同じ ○特別委　法規上は定められていないが，通常は3～5人	○議事　なし ○議決　委員の過半数	○議事　なし ○議決　委員の過半数
16. 表決の方法（本会議）	○発声表決 ○分列（起立）表決 ○記録表決	○発声表決 ○分列（起立）表決（ほとんど利用されていない） ○点呼表決	○発声表決 ○分列表決 ○起立表決（ほとんど利用されていない）	○発声表決 ○分列表決	○挙手表決 ○起立表決 ○記名投票 ○無記名投票（＝選挙）	○挙手表決 ○起立表決 ○記名投票 ○無記名投票（＝選挙）
17. 推しボタン式表決装置の有無	あり （記録表決の場合に利用）	なし	なし	なし	あり （記名投票の場合に利用）	なし

〈資料〉 議会制度一覧　米国，英国，フランス，ドイツ，カナダ，日本

	ドイツ		カナダ		日本	
	連邦議会	連邦参議院	下院	上院	衆議院	参議院
	○常任委員会－各会派比例配分	○常任委員会－各州首相の回り持ち又は委員会の推薦による	○選挙で選ぶ（通常は与党から選出）○財政委員会は第1野党○合同委員会は与党と野党交互	○選挙で選ぶ（通常は与党から選出）○財政委員会は第1野党○合同委員会は与党と野党交互	○各会派の議席数を考慮して配分	○各会派比例配分
	○議事　なし○議決　議員定数の過半数	○議事　なし○議決　総表決数の過半数	20人（議長を含む）	15人（議長を含む）	議員定数の三分の一（憲法56）	議員定数の三分の一（憲法56）
	○議事　なし○議決　定数の過半数	○議事　なし○議決　州の過半数	全院委員会　本会議に同じ　委員の過半数	全院委員会　本会議に同じ　委員の過半数	委員定数の半数（国会法49）	委員定数の半数（国会法49）
	○異議なし表決（拍手）○挙手表決○起立表決○投票計算係による表決○記名投票○無記名投票（＝選挙）	○挙手表決○記名点呼表決	○発声投票（議員の5名以上の要求）○点呼投票	○発声投票（議員の2名以上の要求）○点呼投票	○異議なし表決（発声）○起立表決○記名投票（衆規則148―157）○無記名投票（＝選挙）（衆規則3，9他）	○異議なし表決（発声）○起立表決○記名投票（参規則134―143）○無記名投票（＝選挙）（参規則4，11他）
	なし	なし	なし	なし	なし	あり（参規則140の2，140の3）（記名投票の場合に利用）

国名 事項	米国 下院	米国 上院	英国 下院	英国 上院	フランス 下院	フランス 上院
18. 議長の表決権及び決裁権	○表決権 通常は行使せず ○決裁権 なし 可否同数の場合は否決	(副大統領) ○表決権 なし ○決裁権 あり	○表決権 行使せず ○決裁権 行使	(大法官) ○表決権 行使せず ○決裁権 なし 可否同数の場合は否決	○表決権 行使せず ○決裁権 なし 可否同数の場合は否決	○表決権 行使せず ○決裁権 なし 可否同数の場合は否決
19. 委員長の表決権及び決裁権	○表決権 行使 ○決裁権 なし 可否同数の場合は否決	○表決権 行使 ○決裁権 なし 可否同数の場合は否決	○表決権 行使せず ○決裁権 行使	○表決権 行使 ○決裁権 なし 可否同数の場合は否決	○表決権 行使 ○決裁権 なし 可否同数の場合は否決	○表決権 行使 ○決裁権 なし 可否同数の場合は否決
20. 委員会の公開・非公開	原則公開	原則公開	○常任委 原則公開 ○特別委 聴聞会のみ原則公開、他は非公開	○特別委 聴聞会のみ原則公開、他は非公開	○証人尋問のみ原則公開	○証人尋問のみ原則公開
21. 委員会会議録等の刊行	○公聴会の記録	○公聴会の記録	○常任委－下院公式報告（委員会議事速記録） ○特別委－審議要録 －証言の記録（下院資料）	○特別委－委員会報告書 －証言の記録（上院資料）	・委員会公報（審議の概要を収録） ・証言の記録 －証人の同意を得て部分的に公開	・委員会公報（審議の概要を収録） ・証言の記録 －証人の同意を得て部分的に公開
22. 本会議の年間開会日数及び審議時間	(1997－98年の平均) 126日 1222時間	(1997－98年の平均) 148日 1438時間	(1998／99年会期) 149日 1379時間	(1995年) 145日 917時間	(2000年) 106日 960時間	(1999－00年) 711時間
23. 本会議の定例日	月～木曜日	月～金曜日	月～金曜日	月～金曜日	火・水・木曜日	火・水・木曜日
24. 委員会の年間開会回数（審議時間の統計）	(1997－98年の平均) 1812回 (小委員会の会議を含む)	(1997－98年の平均) 977回 (小委員会の会議を含む)	不明	不明	(1994年) 494回 833時間	(1993年) 547回 1072時間
25. 国政調査権の行使主体	(議院) ○常任委員会（小委員会） ○特別委員会（小委員会）	(議院) ○常任委員会（小委員会） ○特別委員会（小委員会）	(議院) ○特別委員会	(議院) ○特別委員会	(議院) （常任委員会） ○調査委員会	(議院) （常任委員会） ○調査委員会

〈資料〉 議会制度一覧 米国，英国，フランス，ドイツ，カナダ，日本

ドイツ		カナダ		日本	
連邦議会	連邦参議院	下院	上院	衆議院	参議院
○表決権 行使 ○決裁権 なし 可否同数の場合は否決	○表決権 表決権は各州（3～6票）にあり，議長及び議員は個別に表決権を行使しない。	○表決権なし ○決裁権行使	○表決権行使 ○決裁権行使	○表決権 行使せず ○決裁権 行使（憲法56）	○表決権 行使せず ○決裁権 行使（憲法56）
○表決権 行使 ○決裁権 なし 可否同数の場合は否決	○表決権 州の表決権（各州1票）を行使 ○決裁権 なし	○表決権なし ○決裁権行使	○表決権なし ○決裁権行使（ほとんど行使せず）	○表決権 行使せず ○決裁権 行使（国会法50）	○表決権 行使せず ○決裁権 行使（国会法50）
○審査 原則非公開 ○公聴会 原則公開	○原則非公開	原則公開	原則公開	○原則非公開但し実質公開（国会法52）	○原則非公開但し実質公開（国会法52）
○委員会会議録－非公開	○委員会会議録－非公開	○議事録 ○下院通信 ○法令と通達	○議事録 ○上院通信 ○法令と通信	○委員会議録（衆規則61－63）	○委員会議録（参規則56－59）
（1994－98年の平均） 466時間	（年間平均） 約40時間	不明	不明	（1996年） 53時間	（1996年） 46時間
水・木・金曜日	おおむね月1回	月～金曜日	月～金曜日	火・木・金曜日	月・水・金曜日
（1994－98年の平均） 725回 （調査委員会等を含む）	（1990－92年の平均） 283回 （小委員会の会議を含む）	不明	不明		
（議院） ○防衛常任委員会 ○請願常任委員会 ○調査委員会	なし	（議院）	（議院）	（議院） ○常任委員会 ○特別委員会 ○（両院の合同審査会） （憲法62，議院証言法2 他）	（議院） ○常任委員会 ○特別委員会 ○（両院の合同審査会） （憲法62，議院証言法2 他）

国名 事項	米国		英国		フランス	
	下院	上院	下院	上院	下院	上院
26. 立法補佐機関	○委員会スタッフ ○議院立法顧問局 ○立法担当議員秘書 ○議会調査局 ○政府監査院 ○議会予算局	○委員会スタッフ ○議員立法顧問局 ○立法担当議員秘書	○特別委員会顧問 ○下院図書館調査部 （議員調査助手）	○上院図書館	○議事局調査・資料部 ○欧州国際局 ○下院図書館 （会派スタッフ） （議員調査助手）	○議事局調査部 ○同欧州部 ○上院図書館 （会派スタッフ） （議員調査助手）
27. 政府に対する質問制度	なし	なし	○口頭質問 ・質問時間 月～木曜日の毎日1時間, 各省別に行う。首相の質問時間は毎週水曜日の30分間 ○書面質問	○口頭質問 ・質問時間 月～木曜日の毎日30分程度, すべての省にわたって行う。上院議員である大臣のみが答弁に立つ。 ○書面質問	○口頭質問 ・対政府質問 毎週2回1時間ずつ ・討論を伴わない口頭質問 ○書面質問	○口頭質問 ・対政府質問 毎月2回 ・討論を伴わない口頭質問 ・討論を伴う口頭質問 ○書面質問
28. 会派の結成基準	なし	なし	なし	なし	議員20人以上	議員15人以上
29. 会派補助の有無	会派役員職務手当, スタッフ雇用手当等あり	会派役員職務手当, スタッフ雇用手当等あり	野党会派補助（与党会派にはなし）	なし	会派事務費補助 政党, 政治団体補助制度あり	会派事務費補助
30. 会派勢力	民主党（232） 共和党（201） 欠員（2） 合計435。	民主党（49） 共和党（49） 無所属－民主党系（2） 合計100。	労働党（352） 保守党（193） 自由民主党（63） 民主統一党（9） スコットランド民族党（6） シン・フェン党（5） ウェールズ民族党（3） 社会民主労働党（3） アルスター統一党（1） 無所属他（7） 議長・副議長（4） 合計646。	労働党系（200） 保守党系（232） 自由民主党系（63） 中立系（162） 聖職議員その他（151） 合計748。	国民運動連合（318） 社会党（203） 共産党（24） 環境保護派（22） 無所属（8） 欠員（2） 合計577。	国民運動連合（159） 社会党（96） 中道連合（30） 欧州社会民主連合（16） 共産党系（23） 無所属（6） 欠員（1） 合計331。

〈資料〉 議会制度一覧　米国，英国，フランス，ドイツ，カナダ，日本

ドイツ		カナダ		日本	
連邦議会	連邦参議院	下院	上院	衆議院	参議院
○連邦議会調査局 ○連邦議会図書館 （会派スタッフ） （議員調査助手）	なし	議会図書館 議会調査部		○衆議院調査局 （議院事務局法15） ○衆議院法制局 （国会法131） 政党会派スタッフ 政策担当秘書 （国会法132）	○常任委員会調査室（議員事務局法1他） ○参議院法制局 （国会法131） 政党会派スタッフ 政策担当秘書 （国会法132）
				○国立国会図書館調査及び立法考査局（国会法130）	
○口頭質問 ・質問時間 毎週2回，1時間半ずつ ・大質問 会派等が国政上の重要問題について行い，討論を含む。 ○書面質問	なし	議会質問	議会質問	○口頭質問 緊急を要する時に限る（国会法76） ○書面質問 質問主意書 （国会法74）	○口頭質問 緊急を要する時に限る（国会法76） ○書面質問 質問主意書 （国会法74）
議員総数の5％（＝34人以上）	なし	議員12名以上	議員12名以上	議員2人以上（衆先例101）	議員2人以上（参先例109）
会派手当 （なお，政党法に基づく政党補助制度あり）	なし	なし	なし	立法事務費 （立法事務費交付法）	立法事務費 （立法事務費交付法）
				政党助成法による政党助成制度あり	
キリスト教民主・社会同盟（224） 社会民主党（222） 自由民主党（61） 同盟90・緑の党（51） 左派党（53） 無所属（2） 欠員（1） 合計614。	合計69。	保守党（125） 自由党（96） ケベック連合（49） 新民主党（30） 無所属（4） 欠員（4） 合計308。	自由党（62） 保守党（23） 進歩保守党（3） 新民主党（1） 無所属（4） 欠員（12） 合計105。	自民党（304） 民主党（113） 公明党（31） 共産党（9） 社会民主党（7） 国民新党（6） 無所属（9） 欠員（1） 合計480。	自民党（84） 民主党（120） 公明党（21） 共産党（7） 社会民主党（5） 無所属（5） 合計242。

（出所）　国立国会図書館調査立法考査局，政治議会課作成資料。

主要参考文献

①日本の国会
・佐藤功『日本の国会』（毎日新聞社，1976年）
・矢島孝一『国会』（行政出版局，1987年）
・読売新聞調査研究本部『日本の国会』（読売新聞社，1988年）
・岩井奉信『立法過程』（東京大学出版会，1988年）
・藤本一美『国会の再生』（東信堂，1989年）
・藤本一美『国会機能論』（法学書院，1990年）
・浅野一郎『ガイドブック　国会』（有斐閣，1990年）
・老川祥一『やさしい国会の話』（法学書院，1994年）
・谷勝宏『現代日本の立法過程』（信山社，1995年）
・大山礼子『国会学入門』（三省堂，1997年）
・福元健太郎『日本の国会政治』（東京大学出版会，2000年）
・増山幹高『議会制度と日本政治』（木鐸社，2003年）
・浅野一郎『国会入門』（信山社，2003年）
・川人貞史『日本の国会制度と政党政治』（東京大学出版会，2005年）
・福元健太郎『立法の制度と過程』（木鐸社，2007年），他。

②日本の地方議会
・加藤幸雄『新しい地方議会』（ぎょうせい，2004年）
・『地方議会ハンドブック』（ぎょうせい，2005年），他。

③欧米主要国の議会
・岡野加穂留他編『世界の議会』（ぎょうせい，1991年）
・中村泰男『アメリカ連邦議会論』（勁草書房，1992年）
・待鳥聡史『財政再建と民主主義』（有斐閣，2003年）
・廣瀬淳子『アメリカ連邦議会』（公人社，2004年）

・木下広居『イギリスの議会』(読売新聞社，1954年)
・前田英明昭『イギリス議会政治の研究』(淋林社，1990年)
・大山礼子『比較議会政治論』(岩波書店，2003年)
・福岡英明『現代フランス議会制の研究』(信山社，2001年)，他。

あとがき

　本書は，筆者が担当している専修大学法学部の特殊講義＝「議会制度論」の教科書として編集されたものである。

　第1部の「日本の国会」および第2部の「日本の地方議会」は，かつて国立国会図書館時代の同僚であった七高敬三郎氏との共著で，1987年に公刊した『議会用語ハンドブック』（ぎょうせい）の日本の国会と地方議会について筆者が担当した部分である。今回，最低限必要な個所を修正し，他はそのまま利用している。

　第3部の「欧米主要国の議会制度と議会情報の発信」は，前者の「欧米主要国の議会制度」の部分については，国立国会図書館調査立法考査局政治議会課が作成した資料を全面的に利用している。作成された諸氏にこの場を借りて謝意を示したい。また，後者の「議会情報の発信」の部分については，国立国会図書館調査局の依頼で筆者が2002年の3月から4月にかけて調査した，米国，英国，ドイツ，フランスおよびカナダについての報告書が土台となっている。

　本書の内容については，十分に調べて執筆したつもりである。しかし，思わぬ過ちや誤解があるかも知れない。今後，読者の御指摘を得て良いものに訂正していきたい。

　本書を執筆・公刊するにあたり，原稿の打ち込みや校正を手伝ってくれた，明治大学卒業生の金野円さん，また資料の点検や校正などを手伝ってくれた東海大学大学院博士後期課程の池田美智代さんに感謝を示したい。

　最後になったが，本書は専修大学出版局から公刊の運びとなった。本書の構成その他について適切な助言をしてくれた，編集部の川上文雄氏にこの場を借りて感謝の意を表したい。

平成20年4月末日
藤本一美

著者紹介
藤本　一美（ふじもと　かずみ）

1944年　青森県生まれ
1972年　明治大学大学院政治経済学研究科　博士課程修了
現　在　専修大学法学部教授
専　攻　政治学，米国政治

〔著書〕
『戦後政治の争点　1945-1970』（専修大学出版局，2000年）
『クリントンの時代―1990年代の米国政治』（専修大学出版局，2001年）
『戦後政治の決算　1971-1996』（専修大学出版局，2003年）
『米国の大統領と国政選挙』（専修大学出版局，2004年，共著）
『米国政治のダイナミクス　上・下』（大空社，2006～2007年）
『ネブラスカ州における一院制議会』（東信堂，2007年）
『現代日本政治論　1945-2005』（専修大学出版局，2008年）など多数

現代議会制度論―日本と欧米主要国―

2008年7月30日　第1版第1刷
2011年4月1日　第1版第2刷

著　者　藤本　一美
発行者　渡辺　政春
発行所　専修大学出版局
　　　　〒101-0051　東京都千代田区神田神保町3-8
　　　　　　　　　　㈱専大センチュリー内
　　　　　　　電話　03-3263-4230㈹
印　刷
製　本　株式会社　加藤文明社

Ⓒ Kazumi Fujimoto 2008　Printed in Japan
ISBN 978-4-88125-210-9